# Lecture Notes in Economics and Mathematical Systems

Edited by M. Beckmann, Providence, and H. P. Künzi, Zürich

# 48

M. Constam

# FORTRAN für Anfänger

2., verbesserte Auflage

Springer-Verlag
Berlin · Heidelberg · New York 1973

Martin Constam
Säntisstr. 9
CH-8800 Thalwil/Schweiz

---

AMS Subject Classifications (1970): 68-01

---

ISBN-13:978-3-540-06538-8 e-ISBN-13:978-3-642-80795-4
DOI: 10.1007/978-3-642-80795-4

## Vorwort zur 2. Auflage

Für die 2. Auflage hat der Autor das Buch nochmals kritisch durchleuchtet und verschiedene Fehler korrigiert, die die 1. Auflage trotz sorgfältiger Vorbereitung enthalten hat. Für Anregungen, die er Buchbesprechungen entnehmen konnte, sei an dieser Stelle höflich gedankt.

M. Constam

## Vorwort zur 1. Auflage

Das vorliegende Heft macht den Leser mit den grundsätzlichen Möglichkeiten der Programmiersprache bekannt. Es ist als Lehrheft konzipiert, das der Version II der Sprache entspricht (Basic Fortran).

Vom Leser wird erwartet, daß er weiß, was ein digitaler Computer ist. Kenntnisse der Blockdiagrammtechnik erleichtern das Verständnis, sind aber nicht unbedingt nötig.

Ziel des Heftes ist, soweit in die Programmiersprache einzuführen, daß der Leser einfache Programme (mit Unterprogrammen, Lesen von Lochkarten, Drucken von Resultaten) verfassen kann.

Das Heft wendet sich nicht an Leute, die bereits in einer anderen Sprache programmieren können.

INHALTSVERZEICHNIS

# EINLEITUNG

FORTRAN (FORmula TRANslation) ist eine weit verbreitete, sog. höhere Programmiersprache, die 1956 entwickelt worden ist; allerdings nicht in einer definitiven Version. Vielmehr ist die Sprache im Laufe der Zeit ausgebaut worden, damit auch kompliziertere Probleme in einer eleganten und leichter verständlichen Form programmiert werden können.

In diese Programmiersprache wollen wir, die Autoren, Sie, den Leser bzw. die Leserin, einführen. Wir erlauben uns, Sie direkt anzusprechen, damit wir einen Gesprächspartner haben. In diesem Sinne wollen wir Ihnen auch einen Überblick über unsern Weg geben: Wir werden zuerst ein recht trockenes Kapitel behandeln: den Aufbau der Sprache. Danach werden wir mit den Elementen der Sprache Anweisungen an den Computer herstellen Viele Beispiele sollen den Text auflockern und seinen Inhalt verdeutlichen. Ein Kapitel enthält ausführlich beschriebene, vollständige Programmbeispiele. Im Anhang finden Sie Tabellen, die Ihre Programmierarbeit erleichtern sollen.

Wir haben versucht, das Heft unabhängig von einem bestimmten Computer zu gestalten. Leider haben wir diese Absicht nur zum Teil verwirklichen können. Im Text werden wir öfters auf Merkblätter im Anhang verweisen. Darin sind die Angaben enthalten, die von Computer zu Computer verschieden sein können. Am besten kennzeichnen Sie jetzt das Merkblatt, das für den Ihnen verfügbaren Computer zutrifft. Für den Fall, daß Sie "Ihren" Computer nicht finden, haben wir leere Blätter beigeheftet, die Sie mit den Beratern des Rechenzentrums in Kürze ausfüllen können.

Das folgende Programmbeispiel soll Ihnen einen Eindruck der FORTRAN-Sprache geben.

Es sind in einer von Mal zu Mal wechselnden Anzahl Zahlen die kleinste und die größte zu bestimmen. Die Zahlen sind einzeln in Lochkarten abgelocht in den Kolonnen 1 - 1Ø. Die Anzahl der Zahlen stehen in einer separaten Lochkarte in den Kolonnen 1 - 4; diese Karte wird allen andern vorangestellt.

Erläuterungen

Wir lesen die Anzahl der Zahlen.

Dann lesen wir die erste Zahl;

sie ist die kleinste und die größte der bisher gelesenen Zahlen.

In der folgenden Schleife bearbeiten wir die übrigen Zahlen:

- wir lesen eine Zahl
- ist sie kleiner als die bisher kleinste?
- wenn ja, ändere die bisher kleinste Zahl und springe zum Ende der Schleife;
- wenn nein, ist die Zahl größer als die bisher größte?
- wenn ja, ändere die bisher größte Zahl.
- Hier ist die Schleife zu Ende; muß sie noch einmal durchlaufen werden?

Wir drucken die Resultate auf dem Schnelldrucker

Dann ist die Aufgabe erfüllt.

Einige Ergänzungen beschreiben noch, wo die Zahlen auf den Lochkarten sind bzw. wie die Resultate geschrieben werden müssen.

An dieser Stelle ist das Programm auch syntaktisch vollständig.

Blockdiagramm

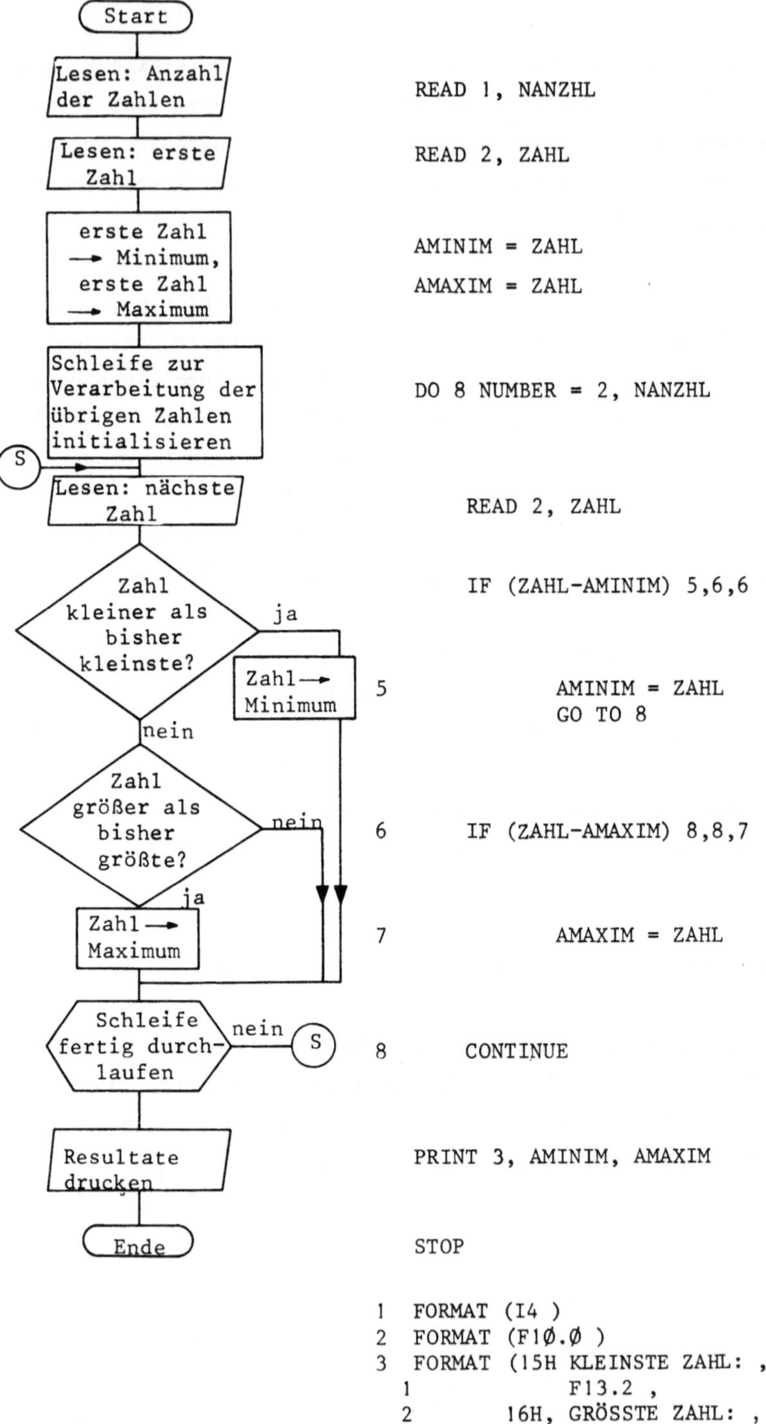


FORTRAN-Programm

```
      READ 1, NANZHL
      READ 2, ZAHL
      AMINIM = ZAHL
      AMAXIM = ZAHL
      DO 8 NUMBER = 2, NANZHL
         READ 2, ZAHL
         IF (ZAHL-AMINIM) 5,6,6
5              AMINIM = ZAHL
               GO TO 8
6        IF (ZAHL-AMAXIM) 8,8,7
7              AMAXIM = ZAHL
8        CONTINUE
      PRINT 3, AMINIM, AMAXIM
      STOP
1     FORMAT (I4 )
2     FORMAT (F1Ø.Ø )
3     FORMAT (15H KLEINSTE ZAHL: ,
     1              F13.2 ,
     2          16H, GRÖSSTE ZAHL: ,
     3              F13.2)
      END
```

# 1. Die Elemente der FORTRAN-Sprache

Wir wollen Ihnen in diesem Kapitel die Grundbausteine der Programmiersprache vorstellen. Jede Sprache besteht ja aus Zeichen, die zu Wörtern zusammengesetzt werden. Aus Wörtern und Satzzeichen bildet man Sätze, und mehrere Sätze ergeben schließlich einen Text. In diesem Sinne wollen wir auch den Aufbau von Fortran studieren.

| Gewöhnliche Sprache | Fortran |
|---|---|
| Zeichen | siehe 1.1 |
| Wörter | siehe 1.2 |
| Sätze | allgemeine Form: siehe 1.3 |
| | einzelne Sätze: im ganzen Heft |
| Text | ganzes Programm: siehe 1.5, 4 |

## 1.1 Der Zeichensatz der Fortran-Sprache

Die in Fortran verfügbaren Zeichen werden durch Begriffe in Gruppen zusammengefaßt. Wir fassen uns relativ kurz, da Ihnen vieles bekannt erscheinen wird.

Die Buchstaben (alphabetic characters):

es stehen entweder nur kleine oder nur große Buchstaben zur Verfügung. In diesem Heft wählen wir immer große Buchstaben.

A B C D E F G H I J K L M N O P Q R S T U V W X Y Z

Die Ziffern (numeric characters, digits):

Ø 1 2 3 4 5 6 7 8 9

Damit Null und der Buchstabe O nicht verwechselt werden können, streichen wir die Null schräg durch: Ø.

Die Spezialzeichen (special characters):

( ) . , = * + - /

Ziffern und Buchstaben werden oft mit dem Begriff alphanumerische Zeichen oder alphamerische Zeichen zusammengefaßt.

Leerstellen (Zwischenräume, blanks, spaces), die ja in der üblichen Schrift Wörter voneinander trennen, dürfen in Fortran auch in diesem Sinne verwendet werden. Die Sprache ist sogar so aufgebaut, daß Leerstellen nach Belieben ins Programm eingefügt werden dürfen: Namen, ja sogar Zahlen dürfen gesperrt geschrieben werden.

Wir empfehlen Ihnen, die Programme durch Verwendung von Leerstellen übersichtlicher zu gestalten. An den Beispielen des Kapitel 4 zeigen wir Ihnen, wie Leerstellen die Übersicht und die Leserlichkeit des Programms verbessern.

## 1.2 Die Wörter der Fortran-Sprache

Mit den Zeichen werden Wörter aufgebaut, die nicht nur Buchstaben, sondern auch Ziffern, ja sogar Spezialzeichen enthalten können.

### 1.2.1 Wörter mit spezieller Bedeutung

Einige Wörter haben in Fortran eine feste Bedeutung und sollen darum nicht für andere Zwecke verwendet werden. Wir wollen einige nennen:

READ DO IF GOTO CONTINUE PRINT STOP FORMAT END

Diese Wörter sind im einleitenden Beispiel aufgetreten. Wir werden im Heft noch einige weitere Wörter kennenlernen.

Wir können neue Formen dieser Wörter erzeugen, indem wir nach Lust und Laune Leerstellen einschieben, zum Beispiel:

| GOTO | GO TO | G O TO | G O T O |
|---|---|---|---|

### 1.2.2 Die Konstanten (constants)

Zu "Konstante" gehört natürlich als Gegenbegriff "Variable" (siehe 1.2.4). Einer Variablen kann während der Ausführung des Programms ein neuer Wert zugeordnet werden, einer Konstanten nicht.
An dieser Stelle lernen wir nur einige numerische Konstanten kennen:

Die ganzen Zahlen werden durch das (fakultative) Vorzeichen und eine Folge von Ziffern dargestellt:

```
  5         +5       -5
123            -37180
```

Wenn das Vorzeichen fehlt, wird die Zahl als positiv betrachtet.

Die reellen Zahlen werden dargestellt durch Vorzeichen (fakultativ), eine Folge von Ziffern mit einem Dezimalpunkt und einem fakultativen Exponententeil.

| Zahlen ohne Exponent: | | |
|---|---|---|
| 3.1415 | -2Ø1.357 | +.ØØØØ48 |

In Fortran gibt es kein Dezimalkomma, nur einen Dezimalpunkt.

Der Exponententeil wird eingeleitet durch E und enthält anschließend eine ganze Zahl.

Er bedeutet eine Multiplikation mit: $1\emptyset^{\text{Zahl}}$.

| Zahlen mit Exponent: | |
|---|---|
| Beispiele: | Bedeutung: |
| Ø.31415E+1 | $\emptyset{,}31415 \cdot 1\emptyset^{1}$ = 3,1415 |
| 1.Ø37E6 | $1{,}\emptyset 37 \cdot 1\emptyset^{6}$ |
| 1.Ø37E-6 | $1{,}\emptyset 37 \cdot 1\emptyset^{-6}$ |
| allgemein: b Ez | $b \cdot 1\emptyset^{z}$ |

Jeder Computer kann nur Zahlen bis zu einer gewissen Größe verarbeiten. Die reellen Zahlen werden zudem nur mit beschränkter Genauigkeit gespeichert. Genaue Angaben finden Sie im Merkblatt im Anhang.

### 1.2.3 Die Namen

Ein Programm stellt ja einen Arbeitsgang formell dar. Die formelle Darstellung kann nicht ohne Namen erfolgen.

> Ein Fortran-Name besteht aus 1 oder mehreren alphanumerischen Zeichen; das erste Zeichen muß ein Buchstabe sein.
> Der Name darf eine gewisse Länge nicht überschreiten (s. Merkblätter). Bei gewissen Übersetzern bedeutet F als letztes Zeichen des Namens etwas spezielles (s. Merkblatt).

Im Heft werden wir Namen verwenden, die bis sechs Zeichen lang sind.

| Richtige Beispiele: | ALPHA | INDEX |
|---|---|---|
| | NUMMER | INDEX1 |
| | OUT | KANAL3 |
| | N15Ø4 | N15Ø4A |
| | I | J |
| | K A N A L | |
| | (Leerstellen in Namen sind ja zugelassen! (vergl. 1.1) ). | |
| Falsche Beispiele: | 3ALPHA | INDEX. |
| | NUMMERIERUNG | |
| | REDUNDANZ | |

Wir empfehlen Ihnen, nicht nur kürzest mögliche Namen (z.B. I, K, X) zu benützen, sondern die Namen so zu wählen, daß ihre Bedeutung sofort ersichtlich ist (vergl. Beispiele in 4.).

### 1.2.4 Die Variablen (variables)

Jede Variable trägt einen Namen. Den Variablen können während der Ausführung des Programms neue Werte zugeordnet werden. Wir benützen die Variablen zur Formulierung des Rechenvorganges in unserem Programm.

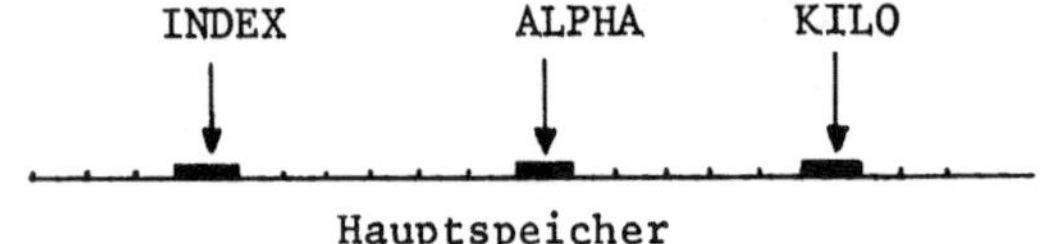


Der Name der Variablen zeigt auf einen Platz im Hauptspeicher.

Genau so, wie es verschiedene Typen von Konstanten gibt, kennt die Fortran-Sprache auch mehrere Typen von Variablen. Wir wollen in diesem Heft nur einige numerische Variablen kennenlernen. Die numerischen Variablen sind für die Speicherung numerischer Werte vorgesehen. Wir unterscheiden hier zwei Typen:

Die ganzen Variablen (Integer Variables)
dienen der Speicherung von ganzen Zahlen. Ihr Name beginnt mit I, J, K, L, M oder N.

Die reellen Variablen (Real Variables)
dienen der Speicherung reeller Zahlen. Ihr Name beginnt mit einem Buchstaben zwischen A und H, sowie O und Z.

| Typen der Variablen | erster Buchstabe des Namens |
|---|---|
| ganz | I ... N |
| reell | A ... H, O ... Z |

Der erste Buchstabe des Namens bestimmt also den Typ der Variablen. (Weitere Möglichkeiten gibt es in späteren Versionen von Fortran).

## 1.2.5 Felder und indizierte Variable

Sehr oft begegnet man in der Datenverarbeitung Problemen mit vielen einander ähnlichen Variablen: z.B. Variablen, die sortiert werden müssen; Variablen, die in einem Schema enthalten sind (Matrixelemente); etc.

Wir müssen nicht jeder Variablen einen eigenen Namen geben, sondern können mehrere Variablen unter einem Namen zusammenfassen, dem sog. Feld (Array). Jede einzelne Variable wird mit dem Feldnamen und Nummern, den Indizes, bezeichnet.

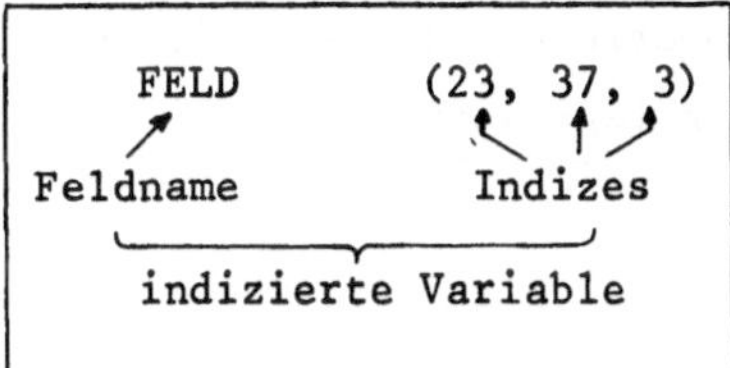


Eine Variable, die Element eines Feldes ist, heißt <u>indizierte Variable</u>.
Die anderen Variablen heißen <u>einfache Variablen</u>.

Ein Vergleichsbild:

in städtischen Verhältnissen trägt nicht jedes Haus einen eigenen Namen. Vielmehr hat man den Straßen Namen gegeben und den Häusern Nummern. Die Adresse besteht aus Straßennamen und Hausnummern. Die Straße entspricht dem Feld, das Haus der indizierten Variablen.

| Adresse: | Rämistraße | 81 |
|---|---|---|
| ↕ | ↕ | ↕ |
| indizierte Variable | Feldname | Index |

Alle Variablen eines Feldes sind von gleichem Typ. Ihr Typ ist durch den Feldnamen bestimmt (nach der gleichen Regel wie bei einfachen Variablen).

| Alle Variablen eines Feldes sind: | erster Buchstabe des Feldnamens: |
|---|---|
| ganz | I ... N |
| reell | A ... H, O ... Z |

Für alle Variablen muß Platz im Hauptspeicher reserviert werden: für einfache Variablen übernimmt der Übersetzer diese Aufgabe ganz, bei Feldern muß der Programmierer noch Angaben liefern, z.B. in der DIMENSION-Anweisung (siehe 3.1).

Beispiel einer DIMENSION-Anweisung:

```
DIMENSION      VEKTOR (5Ø),      SCHEMA (1Ø, 1ØØ)
```

Diese Anweisung reserviert Speicherplatz für 5Ø Variablen des Namens VEKTOR und für 1Ø · 1ØØ Variablen des Namens SCHEMA.

Beispiel für die günstige Anwendung eines Feldes:

Es sollen 2Ø Zahlen aufsteigend sortiert werden. Statt jeder Zahl einen eigenen Namen zu geben fassen wir alle Zahlen in einem Feld zusammen. Die einzelnen Zahlen werden im Feld fortlaufend nummeriert. Für das Feld muß Platz im Hauptspeicher reserviert werden.

Regeln über Felder:

- Alle Variablen eines Feldes sind von gleichem Typ.
- Alle Variablen eines Feldes besitzen so viele Indizes, wie bei der Platzreservierung angegeben sind.
- Mehrere Indizes werden voneinander durch Komma getrennt. Die maximale Anzahl der Indizes ist von Computer zu Computer verschieden (s. Merkblätter).

```
SCHEMA (3,5Ø)
```

- Die Liste der Indizes steht in Klammern, auch wenn sie nur einen Index enthält.

```
SCHEMA (3,5Ø)
VEKTOR (27)
```

- Als Index sind zugelassen:
  - ganze Konstante
  - ganze einfache Variable
  - Ausdrücke, die mit ganzen Konstanten und ganzen Variablen konstruiert werden, in den Formen (* bedeutet Multiplikation):

    const. * vari.
    const. * vari. + const.
    const. * vari. - const.

```
25
 J
```

```
5 * INDEX
3 * K + 25
5 * J1 - 5
```

- Die Werte der Indizes einer Variablen müssen positiv ( > Ø) sein und dürfen einen von Computer zu Computer verschiedenen Wert (s. Merkblätter) und den bei der Platzreservierung angegebenen Wert nicht übersteigen. Die folgenden Beispiele illustrieren diese Regel:

Für die Felder unserer Beispiele reserviere die folgende Anweisung Platz im Speicher:

```
DIMENSION  FELD (3ØØ),  ARRAY (2Ø,5Ø,3,17),  MATRIX (25,25),  VEKTOR (25)
```

(Die Zahlen in den Klammern deklarieren den maximalen zulässigen Wert des betreffenden Index).

Zudem seien I, J, K Variable mit den Werten 3, 5 bzw. 1Ø.

Gültige indizierte Variable sind z.B.:

```
FELD (25)
FELD (3Ø * K)
ARRAY (I+5, 3*J+1Ø, I, 2*K-5)
MATRIX (6*I-3, 5*J)
VEKTOR (3*K-5)
```

Verbotene indizierte Variable sind z.B.:

```
FELD (1Ø, 7)                - mehr Indizes als deklariert
FELD (I-5)                  - der Index ist negativ
ARRAY (2Ø, 5*K)             - weniger Indizes als deklariert
ARRAY (1, J, 2*K-2Ø, J)     - der dritte Index beträgt Ø
VEKTOR (3*K)                - der Index ist größer als
                              der deklarierte Wert (25).
```

Der Übersetzer entdeckt, wenn eine indizierte Variable nicht die richtige Anzahl der Indizes aufweist. Doch ist er nicht fähig, festzustellen, ob ein Index einen zulässigen Wert hat. Wir ziehen daraus den Schluß, daß der Programmierer auf diesen Punkt achten muß:
<u>er</u> muß sicherstellen, daß keinem Index ein verbotener Wert zugewiesen wird.

## 1.3 Ausdrücke und Operatoren

Ein Ausdruck (Expression) stellt einen Wert dar. Er wird auf mehr oder minder komplizierte Art berechnet.

Am ehesten kann man die Ausdrücke mit Satzteilen der Umgangssprache vergleichen, z.B. mit einem Objekt.

Die Ausdrücke werden aufgebaut mit:

- Konstanten
- Variablen (einfache oder indizierte)
- Operatoren
- Klammern

Ein weiteres Konstruktionselement wird in Kapitel 5 vorgestellt. Wir beschränken uns in diesem Heft auf arithmetische Ausdrücke.

Die arithmetischen Operatoren heißen:

| | Beispiel | algebraische Notierung |
|---|---|---|
| + - als Vorzeichen | - A | $-A$ |
| + für Addieren | A + B | $A + B$ |
| - für Subtrahieren | A - B | $A - B$ |
| * für Multiplizieren | A * B | $A \cdot B$ |
| / für Dividieren | A / B | $\frac{A}{B}$ |
| ** für Potenzieren | A ** B | $A^B$ |

| A ** - B |
|---|
| verboten |

| A * (-B) |
|---|
| erlaubt |

In Ausdrücken dürfen nie zwei arithmetische Operatoren einander unmittelbar folgen.

Schwierigkeiten können mit Klammern behoben werden.

### 1.3.1 Priorität der Operatoren

Wie wird ein Ausdruck mit mehreren Operanden und Operatoren ausgerechnet, d.h. in welcher Reihenfolge werden die einzelnen Operationen ausgeführt?

In der Algebra bestehen diesbezüglich Konventionen.

$$a - b \cdot c$$

wird aufgefaßt als die Differenz von a und dem Produkt $b \cdot c$: man berechnet zuerst das Produkt und subtrahiert nachher. Die umgekehrte Interpretation, Produkt der Differenz $a - b$ mit c, muß mit Klammern geschrieben werden:

$$(a - b) \cdot c$$

Da berechnet man zuerst die Differenz und multipliziert nachher.

In Fortran gelten der Algebra ähnliche Konventionen; die einzelnen Operatoren besitzen einen Rang gemäß folgender Tabelle:

| | |
|---|---|
| 1. Rang: | ** |
| 2. Rang: | * und / |
| 3. Rang: | + und - |

Ein Ausdruck wird ausgewertet, indem links beginnend eine Operation nach der andern ausgeführt wird; jedoch müssen folgende Einschränkungen beachtet werden:

- Operanden, die in Klammern stehen, werden berechnet, bevor sie in einer Operation verwendet werden.
- Falls einer Operation eine andere Operation höheren Ranges folgt, wird die nachfolgende Operation zuerst ausgeführt.
- Mehrere Potenzierungen (**) werden von rechts nach links berechnet und nicht, wie bei den andern Operationen üblich, von links nach rechts.

Beispiele

A + B - C + D

Die erste Operation (links) ist eine Addition; ihr folgt eine Operation gleichen Ranges (Subtraktion). Darum wird als erste Operation A + B ausgeführt; nennen Sie das Zwischenresultat $r_1$.

A + B → $r_1$

Jetzt muß noch der Ausdruck $r_1$ - C + D berechnet werden. Er enthält als erste Operation eine Subtraktion, der eine Operation gleichen Ranges folgt (Addition). Also wird $r_1$ - C berechnet; nennen Sie das Zwischenresultat $r_2$.

$r_1$ - C → $r_2$

Damit bleibt nur noch $r_2$ + D auszuwerten. Da dieser Ausdruck nur eine Operation enthält, kann er sofort berechnet werden.

$r_2$ + D → Resultat

A - B* C

Die erste Operation dieses Ausdrucks ist eine Subtraktion. Ihr folgt eine Operation höheren Ranges (die Multiplikation), die zuerst ausgeführt werden muß: zuerst wird also B*C berechnet; nennen Sie das Zwischenresultat wieder $r_1$.

B* C → $r_1$

Es bleibt noch A - $r_1$ zu berechnen, ein Ausdruck der nur eine Operation enthält und darum ohne Umwege berechnet werden kann.

A - $r_1$ → Resultat

| | |
|---|---|
| A * (B - C) | Die erste Operation dieses Ausdrucks kann nicht sogleich ausgeführt werden, da einer ihrer Operanden in Klammern steht und darum zuerst berechnet werden muß: |
| B - C $\rightarrow r_1$ | B - C wird also zuerst berechnet; nennen Sie das Zwischenresultat wieder $r_1$. Mit der eben geschilderten Etappe bleibt noch der Ausdruck A * $r_1$ auszuwerten, was unmittelbar erfolgen |
| A * $r_1 \rightarrow$ Resultat | kann. |

Etwas kürzer wollen wir die folgenden Beispiele fassen; wir benützen dabei die in den obigen Beispielen eingeführte Symbolik.

- A + B * C - D** E wird in folgenden Schritten berechnet:

- A $\rightarrow r_1$
B* C $\rightarrow r_2$
$r_1 + r_2 \rightarrow r_3$
D** E $\rightarrow r_4$
$r_3 - r_4 \rightarrow$ Resultat

A + B* C** D* E wird in folgender Reihenfolge berechnet:

C ** D $\rightarrow r_1$
B * $r_1 \rightarrow r_2$
$r_2$* E $\rightarrow r_3$
A + $r_3 \rightarrow$ Resultat

(A + B) * C** (D * E) wird so ausgewertet:

A + B $\rightarrow r_1$
D * E $\rightarrow r_2$
C **$r_2 \rightarrow r_3$
$r_1$* $r_3 \rightarrow$ Resultat

((A + B)* C)** D **E wird in folgenden Schritten berechnet:

A + B $\rightarrow r_1$
$r_1$* C $\rightarrow r_2$
D **E $\rightarrow r_3$
$r_2$** $r_3 \rightarrow$ Resultat

Die nächsten Beispiele fassen wir kürzer, indem wir soviele Klammern setzen, daß jede Klammer <u>eine</u> Operation enthält:

Folgende Ausdrücke werden paarweise auf die gleiche Art berechnet:

```
A * B * C   =   (A * B) * C
A * B / C   =   (A * B) / C
A / B * C   =   (A / B) * C
A - B * C   =   A - (B * C)
A - B + C   =   (A - B) + C
A / B - C   =   (A / B) - C
A * B**C    =   A * (B **C)
A**B** C    =   A** (B ** C)
```

Das letzte Beispiel zeigt, daß Potenzierungen von rechts nach links ausgeführt werden.

Als Zusammenfassung des Abschnitts soll die folgende Tafel dienen:

Die Operationen eines Ausdrucks werden von links nach rechts ausgeführt, sofern die nachfolgende Operation keinen höheren Rang besitzt.
Ausnahme: Mehrere Potenzierungen werden von rechts nach links ausgeführt.

| | |
|---|---|
| 1. Rang: | ** |
| 2. Rang: | * und / |
| 3. Rang: | + und - |

## 1.3.2 Die Typen der Ausdrücke

Wie Konstanten und Variablen werden auch den Ausdrücken Typen zugeschrieben. Der Typ eines Ausdrucks wird durch die Operanden und zum Teil durch den Operator bestimmt, wie in folgender Tabelle angegeben:

| Typen der Ausdrücke | | | | | |
|---|---|---|---|---|---|
| | a+b, a-b, a*b oder a/b | | a**b | | +a, -a |
| Typ von b / Tpy von a | ganz | reell | ganz | reell | |
| ganz | ganz *) | reell | ganz | reell | ganz |
| reell | reell | reell | reell | reell | reell |

| Beispiele: | reell * reell | ergibt reellen Ausdruck |
|---|---|---|
| | ganz - reell | ergibt reellen Ausdruck |

Bemerkungen zur Tabelle:

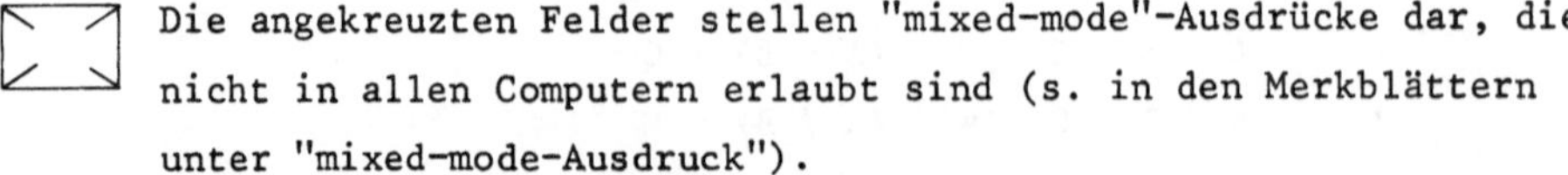
Die angekreuzten Felder stellen "mixed-mode"-Ausdrücke dar, die nicht in allen Computern erlaubt sind (s. in den Merkblättern unter "mixed-mode-Ausdruck").

*) Die Division ganzer Zahlen liefert immer ein dem Betrag nach abgerundetes Ergebnis:

5 / 3 = 1
(-5)/ 3 = -1

| Beispiele: | JOTA + 5 | ist ganz |
|---|---|---|
| | JOTA + 5. | ist ein mixed-mode Ausdruck; wenn erlaubt, reell |
| | IND - A(3) | ebenfalls mixed-mode |
| | A(5) * B | ist reell |
| | JOTA / IND | ist ganz (Rundung!) |
| | IND ** B | ist mixed-mode, reell |
| | JOTA ** 6 | ist ganz |

Auch wo "mixed-mode"-Ausdrücke erlaubt sind, sollen sie möglichst vermieden werden. Denn vor der Auswertung des Ausdrucks wird der ganzzahlige Operand in eine reelle Zahl umgewandelt; und diese Umwandlung kostet (teure!) Computerzeit.

## 1.4 Die Sätze

Die Sätze sind Anweisungen (Statements) an den Computer. Sie werden meistens in Lochkarten gestanzt.

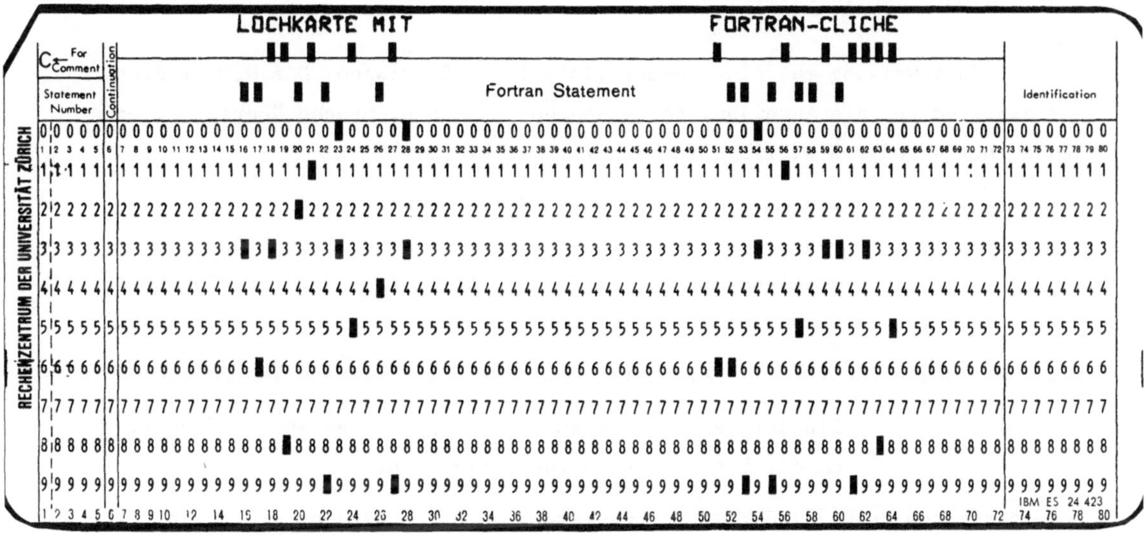

LOCHKARTE MIT FORTRAN-CLICHE

C For Comment | Statement Number | Continuation | Fortran Statement | Identification

RECHENZENTRUM DER UNIVERSITÄT ZÜRICH — IBM ES 24 423

Lochkarte mit speziellem Cliché

Wir wollen in diesem Abschnitt nur zeigen, wie die Anweisungen in die Lochkarte gestanzt werden müssen. Die Anweisungen selber behandeln wir in den folgenden Kapiteln.

Die Anweisungen werden in die Kolonnen 7 ... 72 der Lochkarten gestanzt und, falls nötig, auf weiteren Lochkarten (Folgekarten) in denselben Kolonnen fortgesetzt.

Den Überblick über den Aufbau der Karten soll die folgende Darstellung vermitteln:

| | 1. Karte der Anweisung | Folgekarten |
|---|---|---|
| Kol. 1 - 5 | Nummern der Anweisung | leer |
| Kol. 6 | leer oder Ø | eine Ziffer ≠ Ø |
| Kol. 7 - 72 | Anweisung | Forts. der Anweisung |
| Kol. 73 - 80 | stehen zur freien Verfügung für Identifikation der Karten. | |

Erläuterungen zur Tabelle:

Nicht jede Anweisung muß eine Nummer (Kol. 1 ... 5) tragen. Die Nummer dient nur dazu, um auf die Anweisung Bezug nehmen zu können. Manche Übersetzer erlauben nur 4- oder 3-stellige Nummern (s. Merkblätter).

Die maximale Anzahl von Folgekarten einer Anweisung ist beschränkt (s. Merkblatt). Falls mehr als 9 Folgekarten zugelassen sind, dürfen in Kol. 6 irgend welche Zeichen verwendet werden.

Die Anweisungen (Kol. 7 ... 72) dürfen beliebig viele Leerstellen haben.

Die letzten 8 Kolonnen (73 .. 8Ø) stehen zur Verfügung, um die Lochkarten zu identifizieren.

Kommentare zum Programm dürfen in Lochkarten gestanzt werden, die in Kol. 1 ein C enthalten. Für den Kommentar stehen die Kol. 2 ... 8Ø zur Verfügung.

Der Übersetzer erstellt ein Protokoll aller Lochkarten. Kommentarkarten werden nicht übersetzt.

Wir empfehlen besonders für komplizierte Programme, die Kol. 73 ... 8Ø zur Nummerierung der Lochkarten zu benützen. Damit Sie leichter Programmierfehler korrigieren können, nummerieren Sie die Lochkarten nicht fortlaufend sondern in Schritten von z.B. 1Ø, 5Ø oder gar 1ØØ. Nummerieren Sie auch die Kommentarkarten.

Sparen Sie nicht mit Kommentaren zum Programm! Es ist nämlich schon vorgekommen, daß ein Programmierer sein eigenes Programm nach einem halben Jahr nicht mehr verstanden hat. Wenn nun ein Programm gar noch von andern Leuten benützt und analysiert werden sollte, sind Kommentare doppelt nötig.

Beispiele von Lochkarten:

```
C WIR BEGINNEN MIT EINEM KOMMENTAR. DIESE GANZE ZEILE WIRD VOM UEBERSETZER
C NICHT INTERPRETIERT, EBENSO DIESE ZEILE.
C        WIR HABEN VERGESSEN, DIE KARTEN ZU NUMMERIEREN IN DEN KOLONNEN 73...8Ø
C        KANN DER OPERATEUR SIE WIEDER IN DER RICHTIGEN REIHENFOLGE ZUSAMMEN-
C        STELLEN, WENN IHM DAS KARTENPAKET AUF DEN BODEN GEFALLEN IST ?
C        WOHL KAUM !
C        DARUM WOLLEN WIR DIE KARTEN NUMMERIEREN. UEBERHAUPT KOENNTEN  BSP ØØ1Ø
C        SIE AUCH UNSERN HAENDEN ENTGLEITEN UND ZU BODEN FALLEN.       BSP ØØ2Ø
C DIE FOLGENDEN ZWEI KARTEN SIND ANWEISUNGEN, DIE UEBERSETZT WERDEN:   BSP ØØ3Ø
      IOTA = Ø                                                         BSP ØØ4Ø
               ALPHA ( IOTA+2, INDEX-5 ) = BETA                        BSP ØØ5Ø
C                                                                      BSP ØØ6Ø
C DIE FOLGENDE ANWEISUNG HAT IN UEBERSICHTLICHER DARSTELLUNG NICHT AUF BSP ØØ7Ø
C EINER KARTE PLATZ; SIE TRAEGT AUCH EINE NUMMER:                      BSP ØØ8Ø
  21Ø ALPHA ( 5* INDEX, IOTA + 27 ) = ALPHA ( 5* INDEX, IOTA + 28 )    BSP ØØ9Ø
     1                               -ALPHA ( 5* INDEX, IOTA + 29 )    BSP Ø1ØØ
     2                               +ALPHA ( 5* INDEX, IOTA + 26 )    BSP Ø11Ø
C                                                                      BSP Ø12Ø
C DIE FOLGENDE ANWEISUNG ENTHAELT GESPERRT GESCHRIEBENE NAMEN:         BSP Ø13Ø
      B E T A 1  =  A L P H A ( IOTA, INDEX + 37 )                     BSP Ø14Ø
```

Übungsaufgabe:

Schreiben Sie die Anweisungen des einleitenden Beispiels (Seite 2, rechte Spalte) auf den beiliegenden Lochbeleg. Als weitere Übung können Sie die geschriebenen Anweisungen in Lochkarten stanzen.

IBM

# FORTRAN Coding Form

X28-7327-6

| PROGRAM | | PUNCHING INSTRUCTIONS | GRAPHIC | | | | | | | PAGE OF |
|---|---|---|---|---|---|---|---|---|---|---|
| PROGRAMMER | DATE | | PUNCH | | | | | | | CARD ELECTRO NUMBER* |

| COMM. | STATEMENT NUMBER | CONT. | FORTRAN STATEMENT | IDENTIFICATION SEQUENCE |
|---|---|---|---|---|
| 1 | 2 3 4 5 | 6 | 7 8 9 10 11 12 13 14 15 16 17 18 19 20 21 22 23 24 25 26 27 28 29 30 31 32 33 34 35 36 37 38 39 40 41 42 43 44 45 46 47 48 49 50 51 52 53 54 55 56 57 58 59 60 61 62 63 64 65 66 67 68 69 70 71 72 | 73 74 75 76 77 78 79 80 |
| | | | | |
| 1 | 2 3 4 5 | 6 | 7 8 9 10 11 12 13 14 15 16 17 18 19 20 21 22 23 24 25 26 27 28 29 30 31 32 33 34 35 36 37 38 39 40 41 42 43 44 45 46 47 48 49 50 51 52 53 54 55 56 57 58 59 60 61 62 63 64 65 66 67 68 69 70 71 72 | 73 74 75 76 77 78 79 80 |

*A standard card form, IBM electro 888157, is available for punching statements from this form

## 1.5 Das Programm

Die Anweisungen werden in eine Folge zusammengestellt und bilden so ein Programm. Physisch besteht ein Programm meistens aus einem Paket von Lochkarten.

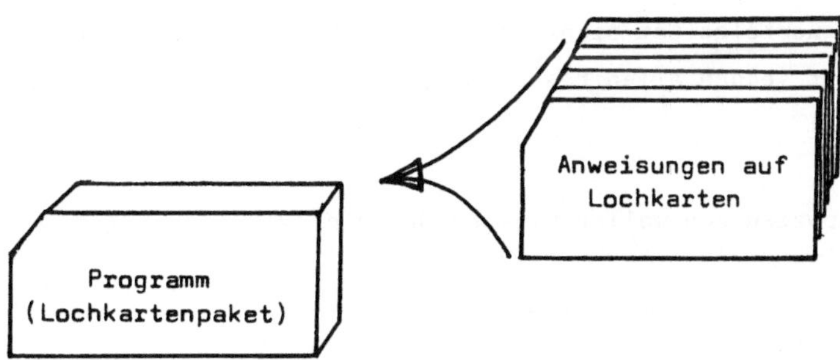


Wir wollen in diesem Abschnitt nur den allgemeinen Aufbau eines Programms besprechen: wir müssen dazu etwas ausholen und einige Begriffspaare kennenlerner

Jedes Programm muß ja in Maschinensprache übersetzt werden, erst dann kann es ausgeführt werden. Diesen Phasen entsprechen auch zwei Typen von Anweisungen:

Die einen Anweisungen dienen nur zur Steuerung der Übersetzung. Sie reservieren z.B. Platz im Hauptspeicher für Felder (die DIMENSION-Anweisung ist uns bereits begegnet). Diese Anweisungen enthalten keine Befehle zur Ausführung eines Programmschrittes. Man nennt diese Anweisungen nicht-ausführbar (non-executable).

Die andern Anweisungen werden in Maschinensprache übersetzt und lösen bei der Ausführung des Programms eine oder mehrere Tätigkeiten des Computers aus. Man nennt diese Anweisungen ausführbar (executable).

Beispiele ausführbarer Anweisungen haben wir auch schon gesehen: z.B. im einleitenden Beispiel die READ- oder PRINT-Anweisungen.

Wir empfehlen, jedes Programm in folgender Weise aufzubauen:

| | | |
|---|---|---|
| zuerst | : | nicht-ausführbare Anweisungen |
| dann | : | ausführbare Anweisungen |
| zuletzt | : | die END-Anweisung |

Diese Reihenfolge ist nicht obligatorisch; darum wird sie nur empfohlen. Sie entspricht jedoch allen bestehenden obligatorischen Vorschriften.

Die END-Anweisungen wollen wir gerade an dieser Stelle genau kennenlernen: sie heißt

```
END
```

und bezeichnet das syntaktische Ende des Programms. END bedeutet, daß das Programm fertig formuliert ist. Die Anweisung ist nicht-ausführbar. Sie signalisiert dem Übersetzer, daß er die Anweisungen vor der END-Anweisung vollständig übersetzen kann (wenn das Programm keine syntaktischen Fehler enthält).

Im Gegensatz zum syntaktischen Ende steht das logische Ende: am logischen Ende hört die Ausführung des Programms auf, weil die gestellte Aufgabe gelöst ist. Das logische Ende wird durch eine ausführbare Anweisung bezeichnet (vgl. 2.2.6).

Das Begriffspaar "syntaktisch"—"logisch" verwendet man auch zur Charakterisierung von Fehlern.

Jeder vom Übersetzer entdeckte Fehler ist syntaktisch.

Beispiele:
- eine indizierte Variable enthält nicht die richtige Anzahl Indizes.
- ein Programm enthält einen Sprung zu einer nicht-ausführbaren Anweisung.

Ein Programm, das keine syntaktischen Fehler enthält, kann logische Fehler enthalten. Logische Fehler können vom Übersetzer nicht entdeckt werden.

Beispiele:
- Der Index einer indizierten Variablen enthält einen unzulässigen Wert.
- ein Programm stoppt, bevor die gestellte Aufgabe erfüllt ist.

Es bedeutet also:

| | |
|---|---|
| syntaktisch ——→ | auf den Übersetzungsvorgang bezogen |
| logisch ——→ | auf die Ausführung des Programms bezogen |

## 2. Die ausführbaren Anweisungen des Basic Fortran

Wir setzen uns das Ziel, am Ende dieses Kapitels einfache Programme verstehen zu können.

### 2.1 Die Ergibt-Anweisung (Assignment Statement)

Zuerst zwei Beispiele:

| | |
|---|---|
| A = B + 5.Ø | berechne den Ausdruck B + 5.Ø und ordne den erhaltenen Wert der Variablen A zu. |
| I = I + 1 | berechne den Ausdruck I + 1 und ordne den erhaltenen Wert der Variablen I zu. Mit anderen Worten: I wird um 1 vergrößer |

Allgemeine Form:

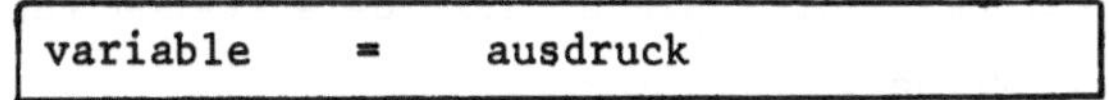


Die Variable darf indiziert sein.

Der Wert des Ausdrucks wird berechnet und im Speicherplatz abgespeichert, der der Variablen zugeordnet ist.
Wo wird die Ausführung des Programms nach einer Ergibt-Anweisung fortgesetzt? Ganz einfach bei der im Programm (d.h. syntaktisch) nachfolgenden Anweisung.

Das Zeichen = hat nicht die gleiche Bedeutung wie in der Mathematik, sondern heißt:

| | |
|---|---|
| = | "wird ersetzt durch" |
| I = I + 1 | I "wird ersetzt durch" I + 1 |
| A = B + 5.Ø | A "wird ersetzt durch" B + 5.Ø |

Das folgende Beispiel enthält mehrere Anweisungen, die nacheinander ausgeführt werden sollen. Die Werte der Variablen zu Beginn der Ausführung sind in Zeile 1 notiert. In den folgenden Zeilen sind nur die Werte angegeben, die den Variablen neu zugeordnet werden.

| | Anweisung | Wert des Ausdrucks | Werte der Variablen | | | | | |
|---|---|---|---|---|---|---|---|---|
| | | | A | B | C | I | J | K |
| 1 | Anfangswerte: | | 5.Ø | 2.5 | 3.7 | 2 | 2Ø | 1Ø |
| 2 | A = B + 5.Ø | 7.5 | 7.5 | | | | | |
| 3 | I = I + 2 | 4 | | | | 4 | | |
| 4 | K = J * 6 / I | 3Ø | | | | | | 3Ø |
| 5 | A = C * B ** 2 | 23.125 | 23.125 | | | | | |
| 6 | C = A * I | 92.5 | | | 92.5 | | | |
| 7 | K = K - J | 1Ø | | | | | | 1Ø |
| 8 | B = C - A | 69.375 | | 69.375 | | | | |
| 9 | C = -C | -92.5 | | | -92.5 | | | |
| 1Ø | A = J + K - I * J | -5Ø | -5Ø.Ø | | | | | |
| 11 | J = (B - A)/ 5.Ø | 23.875 | | | | | 23 | |

Bemerkungen zum Beispiel:

Sie haben gewiß festgestellt, daß immer nur die Variable links des Zeichens = verändert wird. Ebenso wird Ihnen aufgefallen sein, daß in den Ausdrücken immer die zuletzt berechneten Werte der Variablen benützt werden.

In Zeile 3 wird die Variable I um 2 vergrößert: ein Zählvorgang.

In den Zeilen 4 und 5 sind die Prioritäten der Operatoren zu berücksichtigen. Man könnte die Ausdrücke mit Klammern deutlicher darstellen und erhielte: K = (J * 6)/ I und A = C * (B **2).

Der Ausdruck in Zeile 6 ist ein mixed-mode-Ausdruck und darum nicht in allen Computern zugelassen. Falls es verboten ist, kann man ausweichen auf zwei Anweisungen:

```
AJ = I
 C = A * AJ
```

AJ wird 4.Ø
C wird 92.5

Die Zeile 1Ø zeigt einen ganzen Ausdruck, der einer reellen Variablen zugeordnet wird. Den umgekehrten Vorgang zeigt die Zeile 11: ein reeller Ausdruck wird einer ganzen Variablen zugeordnet; die Stellen hinter dem Komma gehen verloren.

Wir wollen nochmals darauf hinweisen, daß in der Ergibt-Anweisung auch indizierte Variable auftreten dürfen: z.B.

```
SUMME (3, I) = SUMME (1, I) + SUMME (2, I) - DIFF (I)
```

Übungsaufgabe:

Schreiben Sie die Anweisungen des Beispiels in einen Lochbeleg (nach Seite 136) gemäß den Regeln des Abschnitts 1.4.

## 2.2 Die Steueranweisungen (Control Statements)

Steueranweisungen benötigen wir dann, wenn der Computer nicht die syntaktisch nachfolgende Anweisung ausführen soll.

### 2.2.1 Die GO TO-Anweisung

| GO TO n |
|---|
| n: Nummer einer ausführbaren Anweisung |

Die Anweisung bewirkt bei der Ausführung des Programms einen unbedingten Sprung zur Anweisung Nr. n; diese wird als nächste ausgeführt.

GO TO darf auch ohne Leerstelle geschrieben werden: GOTO

Beispiele:

| | |
|---|---|
| GO TO 764 | die nächste auszuführende Anweisung trägt die Nummer 764. |
| GOTO 123Ø | nächste auszuführende Anweisung: 123Ø. |

Es gibt noch mehr GO TO-Anweisungen, die für Sprünge unter Bedingungen verwendet werden.

Die GO TO-Anweisung entspricht dem Symbol der Blockdiagrammtechnik.



### 2.2.2 Die IF-Anweisung

| IF (ausdruck) | $n_1, n_2, n_3$ |
|---|---|
| | $n_1, n_2, n_3$: Nummern ausführbarer Anweisungen |

Die IF-Anweisung bestimmt die Fortsetzung des Programms je nach dem Wert des Ausdrucks:

$$\text{ausdruck} \begin{cases} < Ø : & \text{Fortsetzung bei Anweisung } n_1 \\ = Ø : & \text{Fortsetzung bei Anweisung } n_2 \\ > Ø : & \text{Fortsetzung bei Anweisung } n_3 \end{cases}$$

Beispiele: `IF (K) 1, 2, 3`

wenn K < Ø, Sprung zur Anweisung 1;
wenn K = Ø, Sprung zur Anweisung 2;
wenn K > Ø, Sprung zur Anweisung 3;

`IF (A - 15.7) 4, 44, 444`

Die Bedingungen A - 15.7 $\lesseqgtr$ Ø sind gleichwertig mit A $\lesseqgtr$ 15.7 .

Wenn A < 15.7, Sprung zur Anweisung 4;
Wenn A = 15.7, Sprung zur Anweisung 44;
Wenn A > 15.7, Sprung zur Anweisung 444;

Im nächsten Beispiel betrachten wir eine ganze Folge von Anweisungen:

```
1           J = 25
2   7Ø      IF (J - 5Ø) 1Ø, 1ØØ, 1ØØ
3   1Ø         J = 1ØØ + J * 2
4              GOTO 7Ø
5   1ØØ     IF (J - 1ØØ) 11Ø, 12Ø, 14Ø
6   14Ø        J = J - 1ØØ
7              GOTO 7Ø
8   12Ø     J = K
9   11Ø     K = J
              :
```

In welcher Reihenfolge werden diese Anweisungen durchgeführt?
Hier die Reihenfolge, angegeben durch die Zeilennummern:

1, 2, 3, 4, 2, 5, 6, 7, 2, 5, 9

Die IF-Anweisung entspricht dem Blocksymbol:

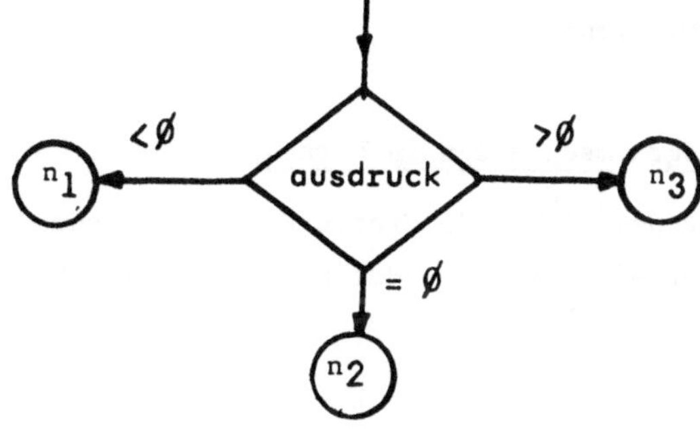


Übungsaufgabe:

Schreiben Sie auch die Anweisungen des letzten Beispiels auf den Lochbeleg (nach Seite 136).

### 2.2.3 Die Computed GO TO-Anweisung

Die IF-Anweisung erlaubt uns, je nach dem Wert eines Ausdrucks bis drei verschiedene Fortsetzungen des Programms anzugeben. Die Computed GO TO-Anweisung gestattet uns, noch mehr Fortsetzungen anzugeben. Die Fortsetzung wird je nach dem Wert einer ganzzahligen Variablen ausgewählt.

| GOTO $(n_1, n_2, \ldots\ldots, n_m)$, i |
|---|
| $n_1, n_2, \ldots, n_m$ : Nummern ausführbarer Anweisungen.<br>i : einfache ganze Variable. |

Bedeutung:

wenn i = 1, springe zur Anweisung $n_1$;
wenn i = 2, springe zur Anweisung $n_2$;
wenn i = 3, springe zur Anweisung $n_3$;
⋮
wenn i = m, springe zur Anweisung $n_m$;
wenn i keine der genannten Bedingungen erfüllt, erfolgt kein Sprung, sondern es wird die syntaktisch folgende Anweisung ausgeführt.

Die erlaubte Anzahl der Anweisungsnummern in dieser GO TO-Anweisung variiert von Computer zu Computer (s. Merkblätter).

Beispiel:

```
GO TO (7, 1Ø, 25, 3Ø), IVAR
```

wenn IVAR = 1, Sprung zu Anweisung 7;
wenn IVAR = 2, Sprung zu Anweisung 1Ø;
wenn IVAR = 3, Sprung zu Anweisung 25;
wenn IVAR = 4, Sprung zu Anweisung 3Ø;
sonst: kein Sprung

Für die Computed GO TO-Anweisung gibt es kein allgemein anerkanntes Blockdiagrammsymbol.

### 2.2.4 Programmschleifen in Fortran

Mit dem bisher Gelernten können wir ohne weiteres Schleifen programmieren. Hier ein Beispiel: die Schleife soll 1Ø mal durchlaufen werden.

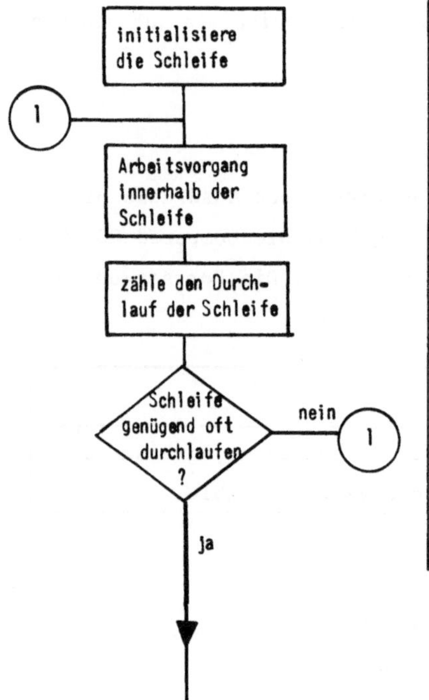


```
      IZAEHL  =  1

    1 erste Anweisung der
      Schleife
           :
      letzte Anweisung der Schleife
      IZAEHL  =  IZAEHL + 1

      IF  (IZAEHL - 1Ø) 1,1,3

    3 Fortsetzung nach der
      Schleife
```

Schleifen treten in der Datenverarbeitung so oft auf, daß man sie in den Programmiersprachen eleganter und übersichtlicher darstellen will.

Fortran enthält für diesen Zweck die DO-Anweisung. Das obige Beispiel wollen wir mit DO programmieren:

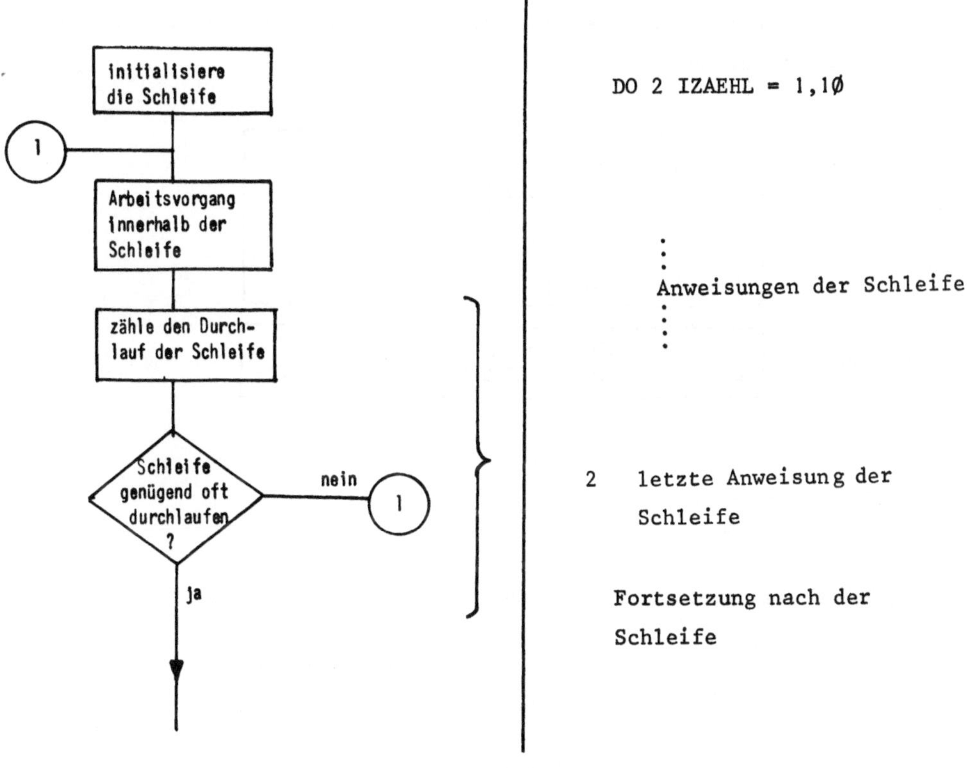


Die DO-Anweisung ist folgendermaßen aufgebaut:

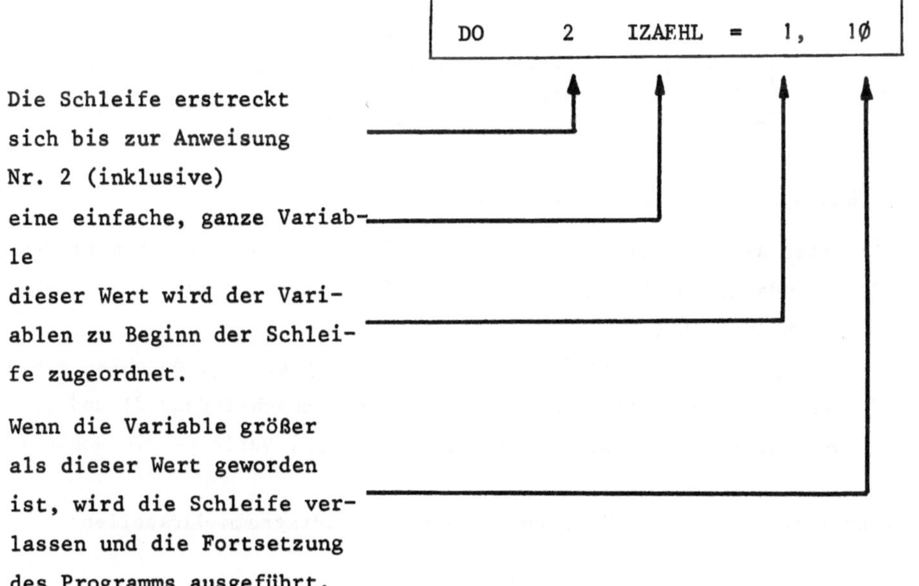

Zur deutlichen Illustration noch ein kleines Beispiel:
Zehn in einem Feld gespeicherte Zahlen sollen zu einer Variablen namens SUMME addiert werden:

mit IF:

```
      INDEX = 1
1        SUMME = SUMME + FELD (INDEX)
         INDEX = INDEX + 1
         IF (INDEX - 1Ø) 1, 1, 3
3     Fortsetzung
```

mit DO:

```
      DO 2 INDEX = 1, 1Ø
2        SUMME = SUMME + FELD (INDEX)
```

### 2.2.4.1 Die DO-Anweisung

Die DO-Anweisung existiert in zwei Formen:

| | | | |
|---|---|---|---|
| 1) | DO | n | $i = m_1, m_2$ |
| 2) | DO | n | $i = m_1, m_2, m_3$ |

| | |
|---|---|
| n: | Nummer der syntaktisch letzten Anweisung der Schleife |
| i: | eine einfache ganze Variable |
| $m_1, m_2, m_3$ : | ganze Konstanten oder einfache ganze Variable, deren Werte positiv (> Ø) sind. |

Die Größen $m_1$, $m_2$, und $m_3$ bedeuten folgendes:

1) setze die Variable $i = m_1$ und durchlaufe die Schleife zum ersten Mal;
2) am Ende der Schleife erhöhe die Variable i um $m_3$ bzw. um 1, wenn die Angabe $m_3$ fehlt;
3) wenn jetzt die Variable i nicht größer ist als $m_2$, durchlaufe die Schleife ein weiteres Mal und wiederhole anschließend 2) und 3); wenn aber die Variable i größer ist als $m_2$, verlasse die Schleife.

Diese Erklärungen wollen wir auch in einem Blockdiagramm darstellen:

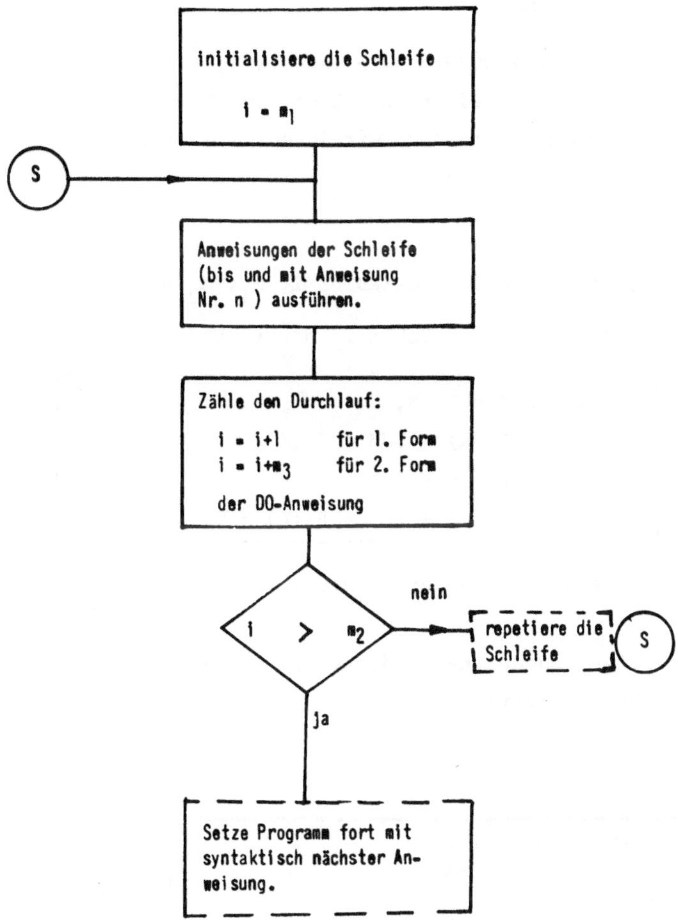


Wir entnehmen dem Blockdiagramm, daß in Fortran jede Schleife mindestens einmal durchlaufen wird. Mit der 1. Form der DO-Anweisung wird die Variable nach jedem Durchlauf der Schleife um 1 erhöht, mit der 2. Form um den Wert von $m_3$.

Ein Beispiel zur 2. Form:

```
DO   5   JOTA  =  KAPPA,  1ØØ,  INCREM
```

### 2.2.4.2 Regeln über DO-Schleifen

Als letzte Anweisung einer DO-Schleife (Anweisung Nr. n) dürfen Ergibt-Anweisungen (2.1), Schreibe- und Leseanweisungen und die CONTINUE- Anweisung verwendet werden. Aus verschiedenen Gründen empfehlen wir Ihnen, die DO-Schleifen mit der CONTINUE-Anweisung (2.2.5) abzuschließen.

Die Werte der Variablen i, $m_1$, $m_2$ und $m_3$ dürfen in der Schleife nicht verändert werden:

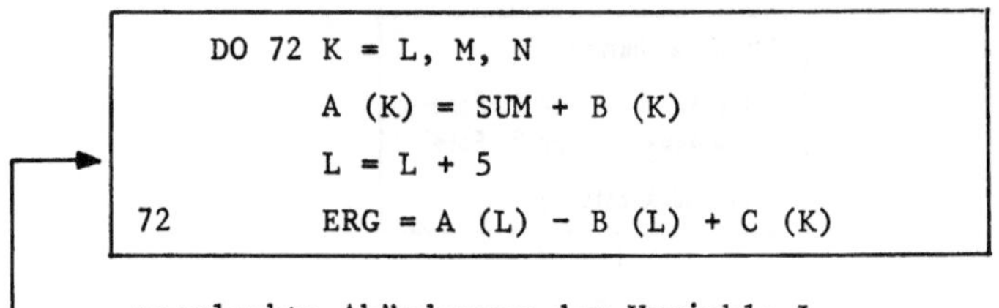

```
      DO 72 K = L, M, N
            A (K) = SUM + B (K)
            L = L + 5
72          ERG = A (L) - B (L) + C (K)
```

unerlaubte Abänderung der Variable L.

Mehrere DO-Schleifen können ineinander geschachtelt werden (max. Anzahl s. Merkblätter).

Beispiele:

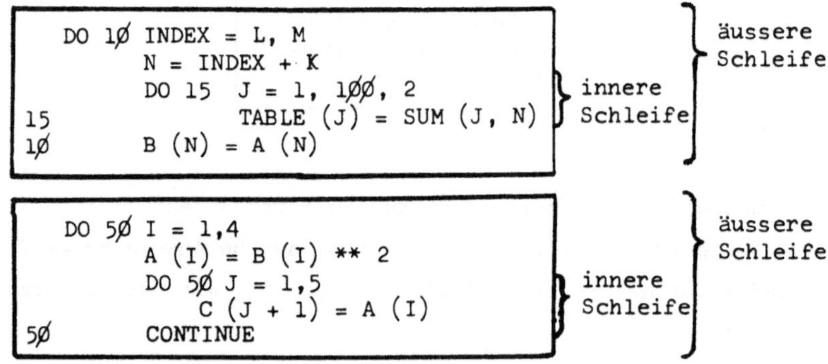

```
      DO 1Ø INDEX = L, M
            N = INDEX + K
            DO 15  J = 1, 1ØØ, 2
15                 TABLE (J) = SUM (J, N)
1Ø          B (N) = A (N)
```



```
      DO 5Ø I = 1,4
            A (I) = B (I) ** 2
            DO 5Ø J = 1,5
               C (J + 1) = A (I)
5Ø          CONTINUE
```



DO-Schleifen dürfen so ineinander geschachtelt werden, daß die <u>innere Schleife ganz in der äußeren enthalten</u> ist:

Einige schematische Beispiele dazu:

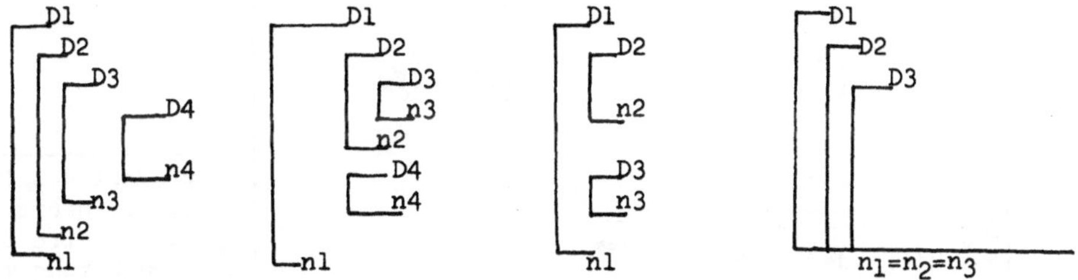


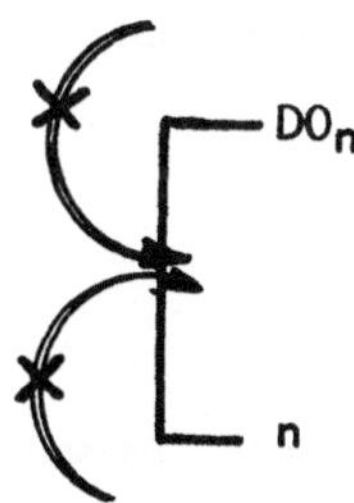


Sprünge von außen mitten in eine DO-Schleife sind verboten, da ja die Initialisierung der Schleife umgangen würde.

Sprünge aus Schleifen heraus sind erlaubt, insbesondere Sprünge aus inneren in äußere Schleifen.

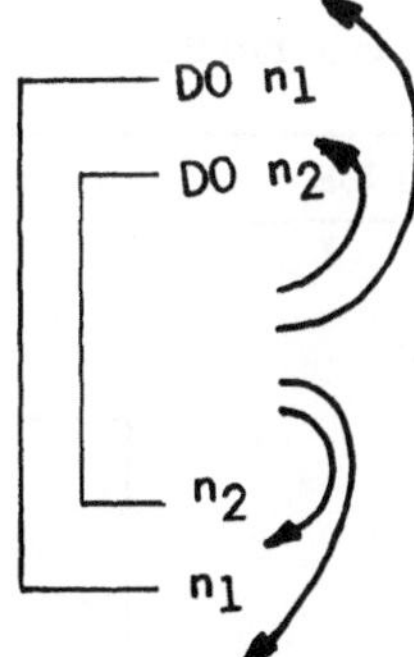

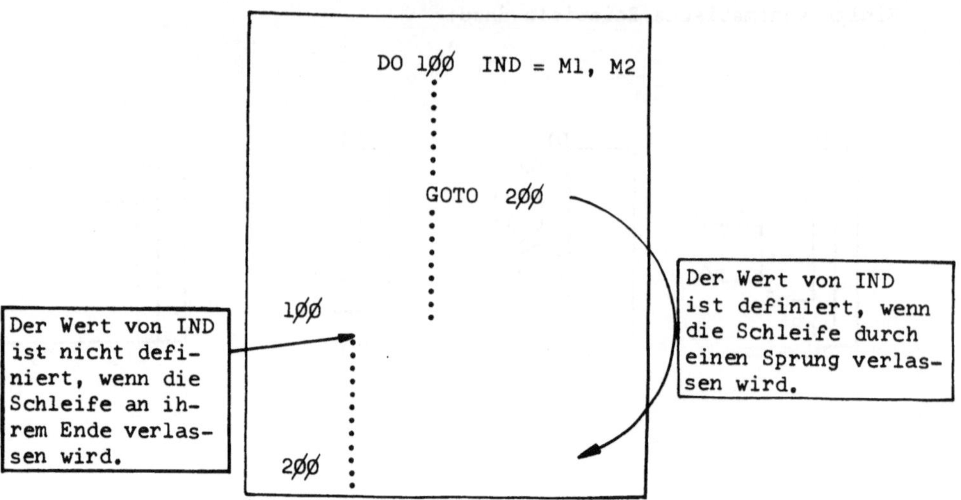


Der Wert der Variable i ist nach dem Verlassen der Schleife nur dann definiert, wenn die Schleife durch einen Sprung verlassen worden ist.

### 2.2.5 Die CONTINUE-Anweisung

Diese Anweisung beeinflußt den Ablauf des Programmes gar nicht. Es wird auch nichts gerechnet. Man benötigt jedoch CONTINUE, wenn z.B. eine DO-Schleife mit einer IF-Anweisung enden würde.

Die Anweisung heißt:

```
CONTINUE
```

Beispiele:

```
      DO 75  K = 1, L, N
         A (K) = B (I,K) * C (K)
         Z (K) = R (K) - C (K)
         IF ( A (K) - Z (K) ) 75, 8, 75
 8             Z (K) = - Z (K)
75       CONTINUE
```

Dieses Beispiel benötigt die CONTINUE-Anweisung:

Falls nämlich A (K) ≠ Z (K), soll ja direkt zum Ende der Schleife gesprungen werden; falls A (K) = Z (K), soll das Vorzeichen von Z (K) gewechselt werden.
In der CONTINUE-Anweisung laufen alle logischen Äste der Schleife zusammen.

```
      DO 3Ø I = 1, 2Ø
         IF (A (I) - B (I)) 5, 4Ø, 4Ø
 5             A (I) = C (I)
               GO TO 3Ø
4Ø       A (I) = Ø.Ø
3Ø       CONTINUE
```

Auf ein Detail der Beispiele wollen wir noch aufmerksam machen:
beide Beispiele enthalten einen Sprung zum Ende der Schleife. Warum nicht einen Sprung zur DO-Anweisung? Ein Sprung zur DO-Anweisung würde ja die Schleife frisch initialisieren, diese würde immer wieder "zum ersten Mal" durchlaufen. Nur mit einem Sprung zum Ende der Schleife kann sie "zum nächsten Mal" durchlaufen werden.

Wir empfehlen, jede DO-Schleife mit einer CONTINUE-Anweisung abzuschließen. Sie geraten so nie in Schwierigkeiten mit Anweisungen, die nicht am Ende von DO-Schleifen stehen dürfen.

### 2.2.6 Das logische Ende des Programms

Das logische Ende eines Programms kann auf mehrere Arten bezeichnet werden:

| | |
|---|---|
| 1) | STOP |
| 2) | STOP m |
| 3) | CALL EXIT |
| | m: eine ganze Zahl ohne Vorzeichen |

In diesen drei Möglichkeiten kommt ein Teil der Computergeschichte zum Ausdruck.

STOP versetzt kleinere und ältere Computer in Stillstand.

CALL EXIT hat man eingeführt, damit der Computer selbstständig zur nächsten Aufgabe übergehen kann.

Neuere und größere Computer reagieren auf STOP und CALL EXIT gleich:

sie nehmen die nächste Aufgabe in Angriff. Dort besteht auch die Möglichkeit, dem Überwachsprogramm (Operating System, Monitor) einen Code zu melden: die Zahl in der "STOP m" Anweisung.
Ob die STOP-Anweisung eine Zahl enthalten darf, und die Funktion der Anweisung auf dem Computer, den Sie benützen, finden Sie im Merkblatt.

### 2.2.7 Die PAUSE-Anweisung

Die PAUSE-Anweisung soll nur mit Zurückhaltung verwendet werden. Sie bewirkt nämlich, daß der Computer wartet. Aber worauf? Wenn das Bedienungspersonal nicht weiß, wie es auf die Pause reagieren soll, wird der Computer unnütz blockiert.

Wenn Sie jedoch selbst an einem Computer arbeiten und selbst die Ausführungen Ihres Programms überwachen, können Sie PAUSE sinnvoll anwenden. Nur darum behandeln wir diese Anweisung. Ihre Form:

```
PAUSE
PAUSE   m
```

m: ganze Zahl ohne Vorzeichen

Die Zahl m kann von Computer zu Computer verschieden kompliziert abgelesen werden: einige schreiben sie mit der Konsolschreibmaschine, bei andern muß man sie aus gewissen Hardware-Registern herauslesen.

Das Programm kann nach einer Pause mit der syntaktisch nächsten Anweisung fortgesetzt werden.

## 2.3 Schreiben und Lesen (Input / Output)

Wir wollen in diesem Abschnitt die einfachen Lese- und Schreib-Anweisungen kennenlernen, damit wir ein erstes vollständiges Programm verfassen können.

Wir lassen die Anweisungen, die sich auf magnetischen Speicher beziehen, absichtlich weg. Wir lernen hier

Lochkarten lesen,
Resultate drucken.

Als Anhang zum Abschnitt werden auch die Anweisungen behandelt, die:

Lochkarten stanzen,
von der Konsolschreibmaschine lesen,
auf der Konsolschreibmaschine schreiben.

### 2.3.1 Die Lese-Anweisung

| READ | f, liste |
|---|---|
| | f: Nummer der FORMAT-Anweisung (s. 2.3.4)<br>liste: enthält die Namen der zu lesenden Variablen. |

In der READ-Anweisung sind die Variablen aufgeführt, deren Werte von Lochkarten gelesen werden sollen. Wo die Werte in der Lochkarte stehen, wird durch eine weitere Anweisung beschrieben: durch eine FORMAT-Anweisung. Diese dient als Schablone. Jede READ-Anweisung liest die Werte beginnend mit Kolonne 1 der nächsten Lochkarte.

### 2.3.2 Die Druck-Anweisung

| | | |
|---|---|---|
| 1) | PRINT | f |
| 2) | PRINT | f, liste |

f: Nummer der FORMAT-Anweisung (s. 2.3.4)

liste: enthält die Namen der Variablen, die gedruckt werden sollen.

Die erste Form der PRINT-Anweisung dient zum Drucken von Texten, die in der durch "f" bezeichneten FORMAT-Anweisung stehen. Mit der zweiten Form können auch Werte von Variablen geschrieben werden.

Mit einer PRINT-Anweisung können mehrere Zeilen gedruckt werden.

### 2.3.3 Der Aufbau der Liste in den Schreib- und Leseanweisungen

Die Liste kann enthalten:

einfache Variable,
indizierte Variable,
Felder und
sog. implizite Schleifen.

Mehrere solche Listenterme werden voneinander durch Komma getrennt.

Wir wollen die grundsätzlichen Varianten an einigen Beispielen zeigen:

```
READ  5ØØ,  A, B, C, I, KILO
```

Die Variablen A,B,C,I,KILO werden nacheinander gelesen, gemäß der in Anweisung 5ØØ angegebenen Schablone (FORMAT-Anweisung)

```
PRINT  666, ARRAY (1), ARRAY (2), ARRAY (3), ARRAY (4)
```

Die ersten vier Variablen des Feldes ARRAY werden so gedruckt, wie es in der FORMAT-Anweisung Nr. 666 beschrieben ist.

Dasselbe bewirkt in eleganterer Notierung die Anweisung

```
PRINT 666, (ARRAY (INDEX), INDEX = 1,4)
```

Sog. implizite Schleife

Die Anweisung verwendet eine sog. implizite Schleife.
Die Bedeutung von

INDEX = 1,4

ist dieselbe, wie in einer DO-Anweisung; setze INDEX zuerst 1, dann um 1 höher, nochmals 1 höher usw., bis INDEX über 4 hinaus gewachsen ist.

Die implizite Schleife ist folgendermaßen aufgebaut:

| | |
|---|---|
| | ( liste von variablen , $i=m_1$, $m_2$ ) |
| oder | ( liste von variablen , $i=m_1$, $m_2$, $m_3$ ) |
| | i: einfache ganze Variable<br>$m_1$, $m_2$, $m_3$: einfache ganze Variablen oder ganze Konstanten mit Werten > Ø |

Die Variablen in der Liste dürfen einfach oder indiziert sein; auch Feldnamen sind in der Liste zugelassen.

Die Bedeutung der Größen $m_1$, $m_2$, $m_3$ ist die gleiche wie in DO-Anweisungen:

1) setze die Variable $i = m_1$ und lies, bzw. schreibe die Variablen der Schleife;
2) erhöhe die Variable um $m_3$ bzw. 1, wenn die Angabe $m_3$ fehlt;
3) lies, bzw. schreibe die Variablen der Schleife noch einmal, sofern die Variable $i \leq m_2$ ist und wiederhole 2).

Die folgenden Beispiele bewirken dasselbe:

```
READ 765, ARRAY (2), ARRAY (8), ARRAY (14), ARRAY (2Ø)
READ 765, ( ARRAY (IND), IND = 2, 2Ø, 6 )
```

gleiche Notierung wie in DO-Anweisungen

Implizite Schleifen können auch geschachtelt werden.

```
READ 786, ( A(I), (B(I,J), C(I,J), J = 1,3 ), I = 1, 6, 2)
```

innere Schleife (B(I,J), C(I,J), J = 1,3 )

äußere Schleife ( A(I), ... , I = 1, 6, 2)

Der Reihe nach werden folgende Variablen gelesen:

A(1), B(1,1), C(1,1), B(1,2), C(1,2), B(1,3), C(1,3),
A(3), B(3,1), C(3,1), B(3,2), C(3,2), B(3,3), C(3,3),
A(5), B(5,1), C(5,1), B(5,2), C(5,2), B(5,3), C(5,3)

Ganze Felder können wir mit impliziten Schleifen lesen, bzw. schreiben. Doch ist noch eine elegantere Form erlaubt: wir setzen nur den Feldnamen in die Liste der Schreib- bzw. Lese-Anweisung. Allerdings ist dann die Reihenfolge, in der die Variablen des Feldes gelesen bzw. geschrieben werden, durch den Übersetzer definiert.

Beispiele: für die Felder A, B und C werde Platz reserviert mit

```
DIMENSION    A(1Ø),        B(5,5Ø),        C(7,1Ø,25)
```

Folgende Anweisungen bewirken je paarweise dasselbe:

| | |
|---|---|
| READ 1ØØØ, A | READ 1ØØØ, ( A(J), J=1,1Ø ) |
| PRINT 1Ø1Ø, B | PRINT 1Ø1Ø, (( B(I,J), I=1,5 ), J=1,5Ø ) |
| READ 2Ø2Ø, C | READ 2Ø2Ø, ((( C(L,M,N), L=1,7 ), M=1,1Ø ), N=1,25 ) |

Die Beispiele zeigen, daß die Variablen ganzer Felder in der Reihenfolge gelesen werden, daß der Wert des 1. Index am häufigsten wechselt, derjenige des letzten Index am seltensten.

Beispiel:

```
PRINT 655, F, J, (I,A(I), I=1, 1Ø), (B(I,J), I=1, 5), C
```

### 2.3.4 Die FORMAT-Anweisung (I)

Die FORMAT-Anweisung stellt eine Schablone dar, die anzeigt, wo die Daten in der Lochkarte zu suchen, bzw. wohin die Resultate zu schreiben sind. Sie ist eine Schablone für die vom Computer gesehen externen, uns verständlichen Darstellungen der Daten bzw. Resultate. Sie steuert auch eine Übersetzung: die Übersetzung zwischen externer, den Menschen verständlicher Darstellung und interner, dem Computer angepaßter Darstellung irgendwelcher Größen.

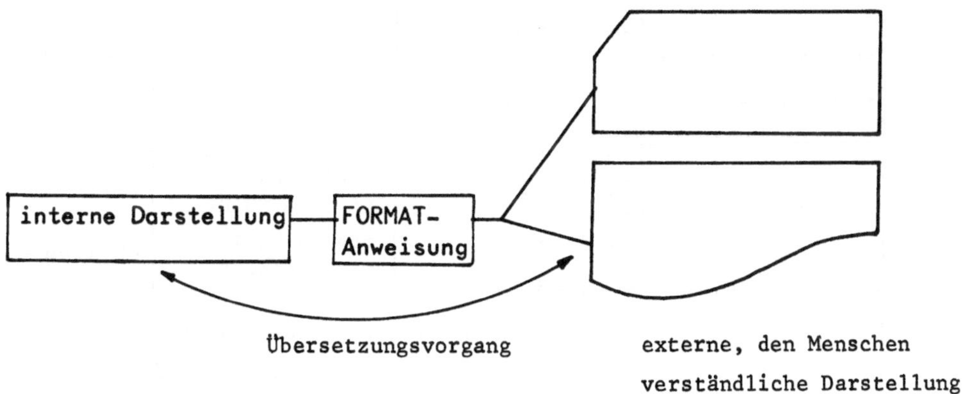


Die Übersetzung wird durch Codes gesteuert.

Vor den Codes wollen wir die allgemeine Form der Anweisung kennenlernen:

| FORMAT (liste von codes) |
|---|
| Mehrere Codes werden voneinander durch Komma getrennt.<br>Die FORMAT-Anweisung trägt immer eine Nummer (Kol. 1-5). |

Die FORMAT-Anweisung darf überall im Programm stehen. Bevorzugte Plätze sind:

- bei der entsprechenden Schreib- bzw. Lese-Anweisung
- am Anfang des Programms
- am Ende des Programms (vor der END-Anweisung)

### 2.3.4.1 Die numerischen Format-Codes

Für jeden Typ einer Variablen und jede mögliche externe Darstellung gibt es einen numerischen Format-Code:

Wir stellen sie in der folgenden Tabelle zusammen:

| Typ der Variable | Code | | externe Darstellung der Zahl | |
|---|---|---|---|---|
| | Form | Beispiel | Form | Beispiel |
| ganz (integer) | Iw | I4 | ganze Zahl | -375 |
| reell | Fw.d | F7.3 | reelle Zahl ohne Exponent | 375.375 |
| | Ew.d | E11.4 | reelle Zahl mit Exponent | -3.3579E-1Ø |

w: Anzahl Stellen in der externen Darstellung (Vorzeichen, Dezimalpunkt und Exponent inbegriffen)

d: Anzahl Stellen hinter dem Dezimalpunkt (ohne Exponent)

Merkwörter für die Codes:

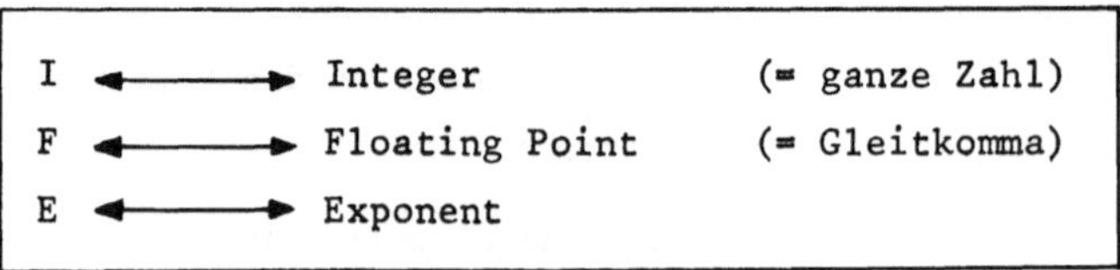

Den Zusammenhang zwischen Schreib- bzw. Lese- und FORMAT-Anweisung zeigen wir an einigen Beispielen:

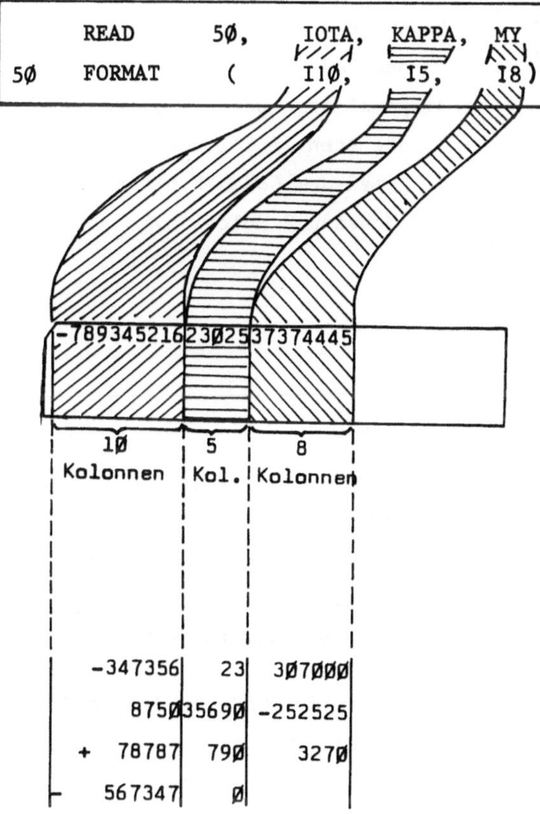


Die Anweisung liest einen Wert für:

IOTA : gemäß dem Code I1Ø aus 1Ø Kolonnen, beginnend bei Kolonne 1 der Lochkarte

KAPPA : gemäß dem Code I5 aus den anschließenden 5 Kolonnen.

MY : gemäß dem Code I8 aus den nächsten 8 Kolonnen

Weitere Karten, die mit der gleichen Anweisung gelesen werden können, sind dem Beispiel angefügt. Sie zeigen, daß die ganzen Zahlen rechtsbündig in dafür vorgesehene Kolonnen zu lochen sind. Ein leeres Feld wird als Ø interpretiert. (letztes Beispiel).

Im Programmbeispiel in der Einleitung stehen die zwei Anweisungen:

```
      READ 1, NANZHL
1     FORMAT ( I4 )
```

Mit diesen Anweisungen liest unser Programm die Anzahl der Zahlen aus den ersten vier Kolonnen der Karte.

Im nächsten Beispiel zeigen wir die Bedeutung des Codes Fw.d beim Lesen:

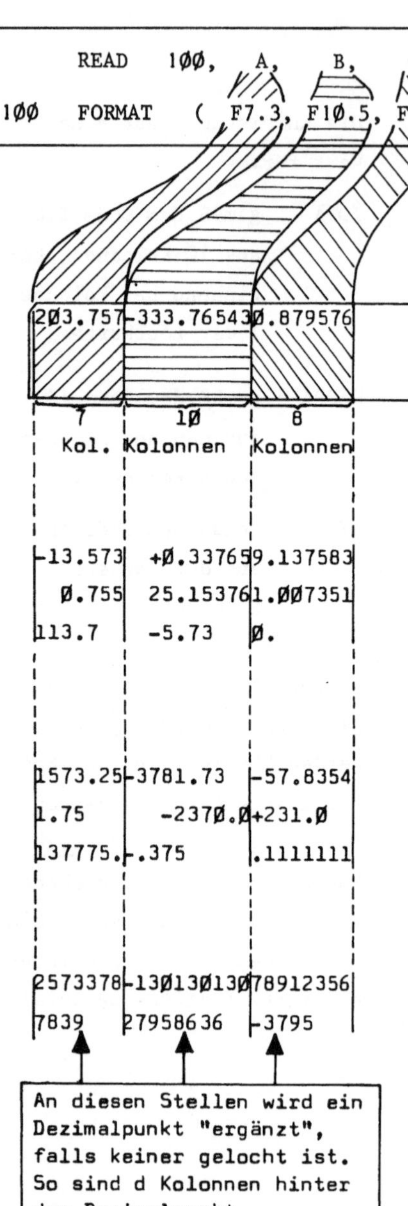


Je ein Wert wird gelesen für:

A: aus den ersten 7 Kolonnen gemäß dem Code F7.3 .

B: gemäß dem Code F1Ø.5 aus den nächsten 1Ø Kolonnen.

C: gemäß dem Code F8.6 aus den nächsten 8 Kolonnen.

Weitere Beispiele:

Wie das obige Beispiel enthalten hier alle Zahlen einen Dezimalpunkt so, daß 3 bzw. 5 bzw. 6 Stellen dahinter Platz haben. Es werden nicht überall alle Kolonnen benützt; unbenützte Kolonnen werden als Ø interpretiert.

Beim Lesen bietet der Code Fw.d mehr Freiheiten: er verlangt nicht, daß der Dezimalpunkt an der im Code bezeichneten Stelle steht. Der Dezimalpunkt in den Daten gilt mehr als der Format-Code.

Die Freiheit erstreckt sich noch weiter: wir dürfen den Dezimalpunkt weglassen. Allerdings ist dann die Interpretation der Ziffern durch den Code festgelegt: die letzten d Kolonnen stehen hinter dem Dezimalpunkt. Der Dezimalpunkt wird sozusagen zwischen zwei Kolonnen ergänzt.

Die angegebenen Zahlen werden interpretiert als:

| | | |
|---|---|---|
| 2573.378 | -13Ø1.3Ø13Ø | 78.912356 |
| 7839.ØØØ | 27958.636ØØ | -3.795ØØØ |

Nach diesem Beispiel verstehen wir die beiden Anweisungen des Beispiels in der Einleitung ohne viel Mühe:

```
      READ    2,   ZAHL
2     FORMAT     (F1Ø.Ø)
```

In den bisherigen Beispielen haben wir nur ganze oder nur reelle Zahlen gelesen. Wir dürfen jedoch Variablen verschiedener Typen in <u>einer</u> READ-Anweisung lesen. Die Format-Codes müssen dann richtig gewählt werden.

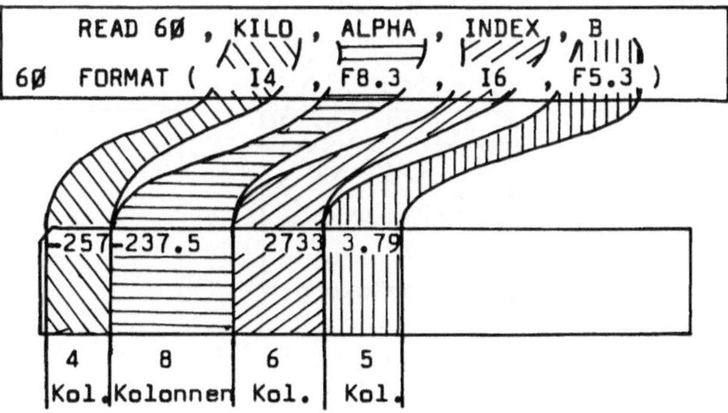


KILO und INDEX sind ganze Variablen; für sie benützen wir den Code Iw; in den entsprechenden Kolonnen steht eine ganze Zahl oder nichts.

ALPHA und B sind reelle Variablen; für sie benützen wir den Code Fw.d .

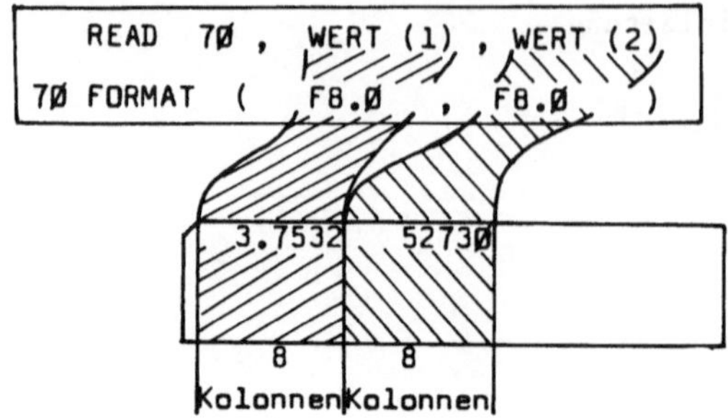


Die drei nächsten Beispiele sind äquivalent: sie bewirken dasselbe. Das zweite Beispiel ist mit einer impliziten Schleife formuliert, im dritten haben wir noch die beiden Format-Codes zusammengefaßt.

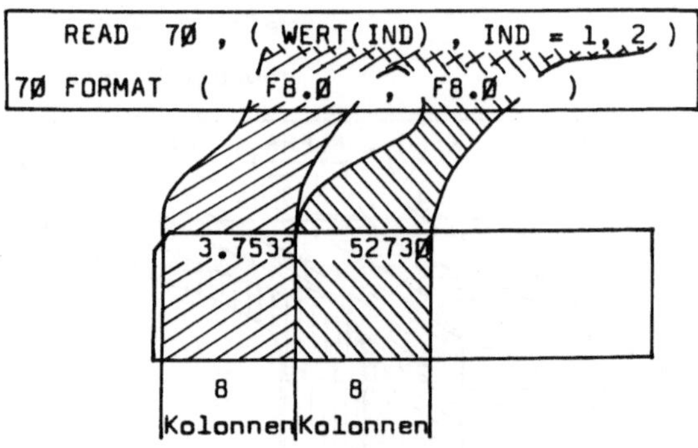


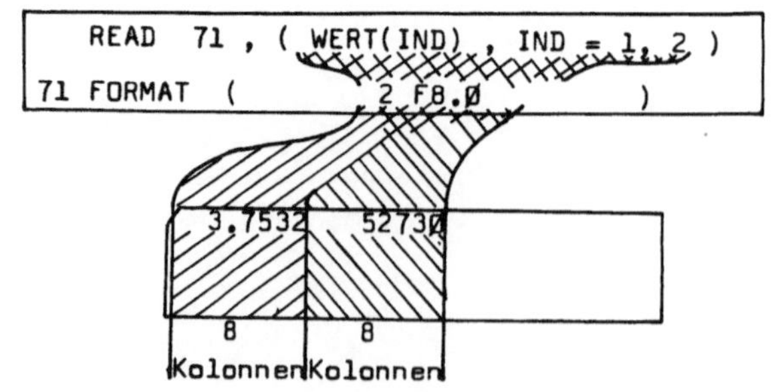


Wir dürfen mehrere gleiche Codes zusammenfassen in die Form:

| m code |
|---|
| Wiederholungsfaktor: ganze Zahl ohne Vorzeichen > Ø. |

In unserm Beispiel ist

$\underbrace{\text{F8.Ø} \quad , \quad \text{F8.Ø}}_{\text{2 F8.Ø}}$ durch

ersetzt worden.

Lohnend wird diese Zusammenfassung, wenn man 1∅, 2∅ oder noch mehr Codes zusammenziehen kann:

```
FORMAT   (I4, I4, I4, I4, I4, I4, I4, I4, I4, I4 )
FORMAT   (           1∅    I4          )
```

Ein Beispiel, wo wir die Codes schon gar nicht einzeln hinschreiben wollen: es liest eine Karte, die 2∅ ganze Zahlen enthält, jede in 4 Kolonnen.

```
   READ 8∅, (NUMMER   (ITEIL), ITEIL=1,2∅)
8∅ FORMAT   (    2∅      I4      )
```

Auch mehrere Codes mit Wiederholungsfaktoren dürfen in der FORMAT-Anweisung auftreten. Beachten Sie, daß die zusammengefaßten Codes nicht nur zu Variablen eines Feldes gehören können ( 2 I4 gehört zu zwei einfachen Variablen NR1 und NR2 ).

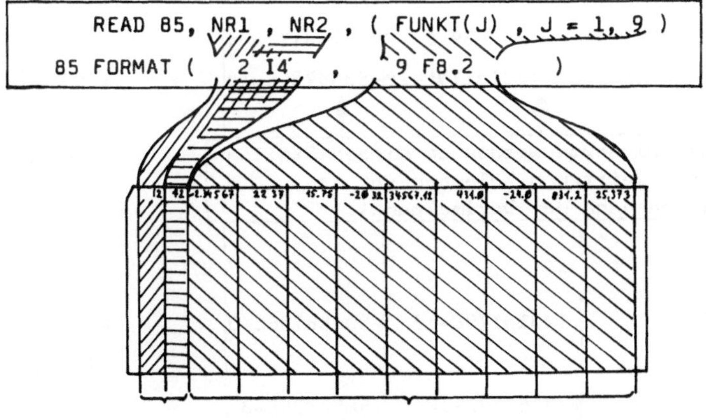

Das folgende Beispiel zeigt die Anwendung des Codes Ew.d .

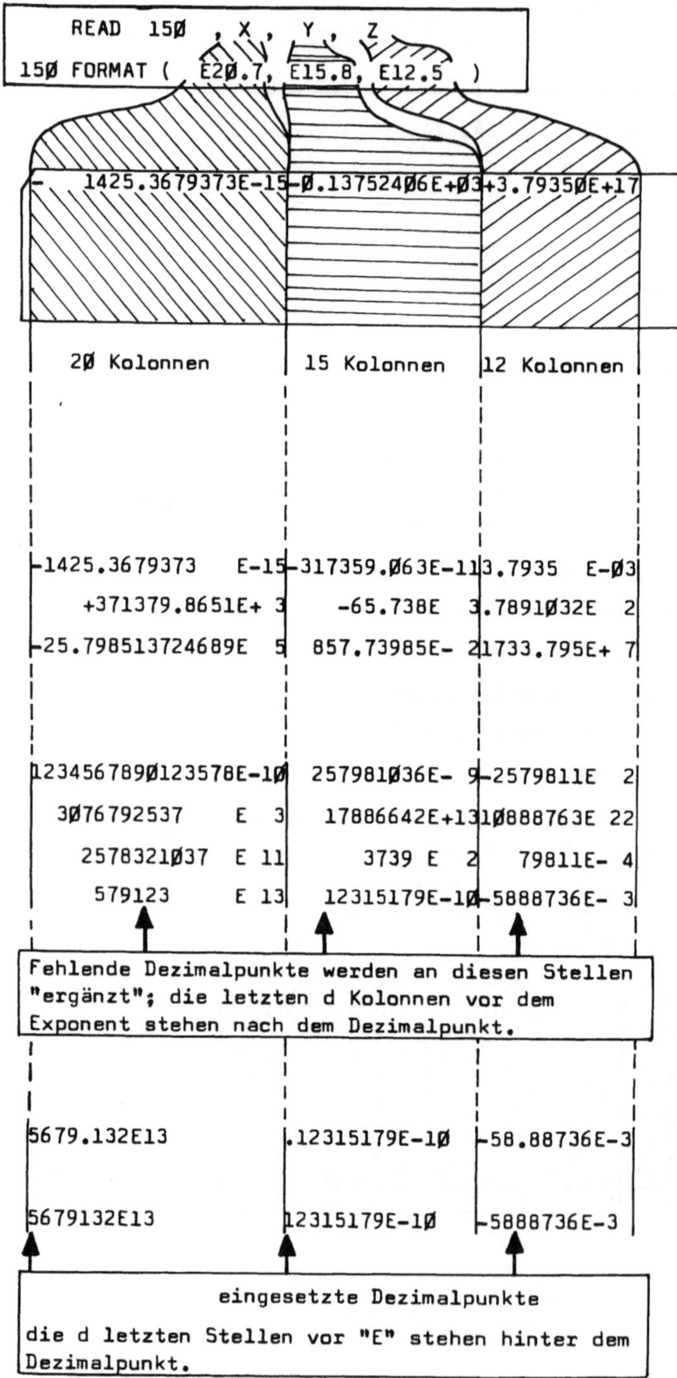


Es wird je 1 Wert von X, Y und Z gelesen: X aus den ersten 2Ø Kolonnen, Y aus den anschließenden 15 und Z aus den nachfolgenden 12 Kolonnen.

Einige weitere Zahlenbeispiele sollen die Möglichkeiten des Codes Ew.d zeigen:

Beim Lesen muß der Dezimalpunkt nicht an der Stelle stehen, die dem d im Code entsprechen würde.

Der Dezimalpunkt darf sogar fehlen; dann wird angenommen, daß die letzten d-Stellen vor dem Exponent hinter dem Dezimalpunkt stehen.

Manche Computer verlangen nicht, daß der Exponent die letzten vier Kolonnen des vorgesehenen Platzes belegt. Darum haben wir die Bedeutung von d relativ kompliziert ausdrücken müssen.

Mit Absicht haben wir bisher nur Beispiele mit READ-Anweisungen gezeigt. Bei den PRINT-Anweisungen muß noch etwas berücksichtigt werden, das wir nach dem folgenden Abschnitt leicht verstehen werden.

### 2.3.4.2 Pufferbereiche (Buffers)

Wir zeigen Konsequenzen der beiden folgenden Tatsachen:

1) die Zahlen, mit denen der Computer rechnet, sind fast immer im Speicher anders dargestellt als wir es gewohnt sind: d.h. Daten, die wir lochen, müssen in eine andere Form übersetzt werden, bevor der Computer damit rechnen kann. Analog für das Drucken von Resultaten: Resultate, die der Computer intern berechnet hat, müssen in eine uns verständliche Form übersetzt werden, damit wir sie interpretieren können.

2) Der Computer kann diese Übersetzungen nicht gleichzeitig mit der Datenübertragung von oder zu externen Speichern besorgen; die Hardware ist technisch dazu nicht fähig.

Um die in 1) genannten Forderungen mit den Restriktionen von 2) in Einklang zu bringen, hat man in jede Datenübertragung sog. Pufferbereiche (Buffers) eingeschaltet.

Pufferbereiche bestehen aus Plätzen des Hauptspeichers. Diese werden von der Software für die Zwecke der Datenübertragung reserviert. Pufferbereiche werden folgendermaßen benützt:

| Pufferbereiche im Hauptspeicher |
|---|

- die Hardware besorgt unter der Kontrolle des Operating Systems den Verkehr zwischen den externen Speichern und dem Pufferbereich.
- die Programme lesen Daten nicht direkt ab dem externen Speicher, sondern lesen und interpretieren sie aus dem Pufferbereich; in der umgekehrten Richtung bereiten sie den zu schreibenden Satz im Pufferbereich vollständig auf, sie schreiben nicht direkt auf den externen Speicher.

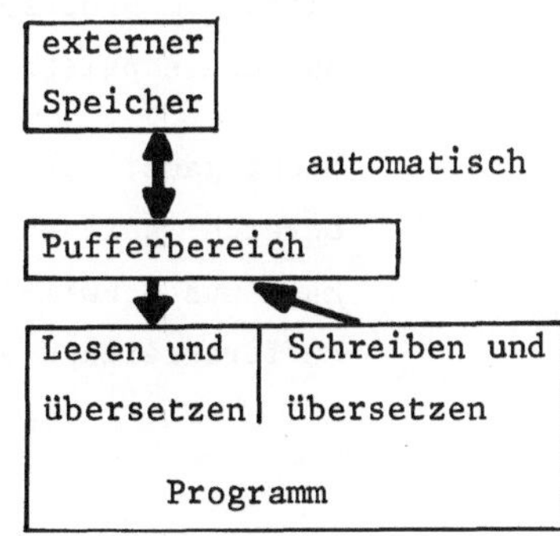

Die Datenübertragung vom Pufferbereich zum externen Speicher und in umgekehrter Richung läuft für Fortran-Benützer automatisch ab.

Nun wollen wir das Konzept der Pufferbereiche in eines unserer Beispiele (vgl. S. 43) einbauen.

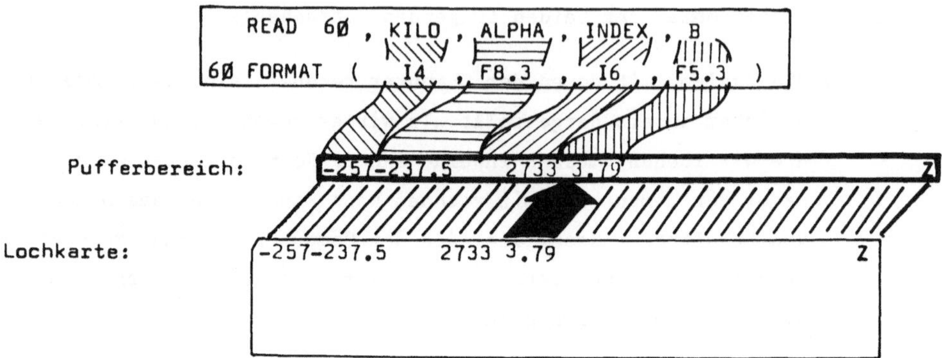


Die Format-Codes steuern die Interpretation der Plätze im Pufferbereich und nicht mehr direkt die Interpretation der Kolonnen der Lochkarte: der Code I4 spricht die ersten vier Plätze des Pufferbereichs an, der nächste Code, F8.3, die nächsten 8 Plätze des Pufferbereichs usw.

In der ursprünglichen Fassung des Beispiels (vgl. besonders das erste Beispiel von 2.3.4.1) ist aber angegeben, daß die Codes sich auf die Kartenkolonnen beziehen.

Ob wir Kolonnen der Lochkarte oder ihnen zugeordnete Plätze im Hauptspeicher interpretieren - ist das nicht nur ein sophistischer Unterschied?

Nicht ganz: wir müssen berücksichtigen, daß der Pufferbereich Speicherplatz belegt, manchmal sogar viel! Das kann uns Schwierigkeiten bereiten, wenn wir neben den Pufferbereichen zuwenig Platz im Hauptspeicher haben.

Diese möglichen Schwierigkeiten sind nicht das Ziel dieses Abschnittes. Vielmehr haben wir ihn eingefügt, weil der Pufferbereich des Druckers eine Spezialität aufweist:

Pufferbereich des Druckers

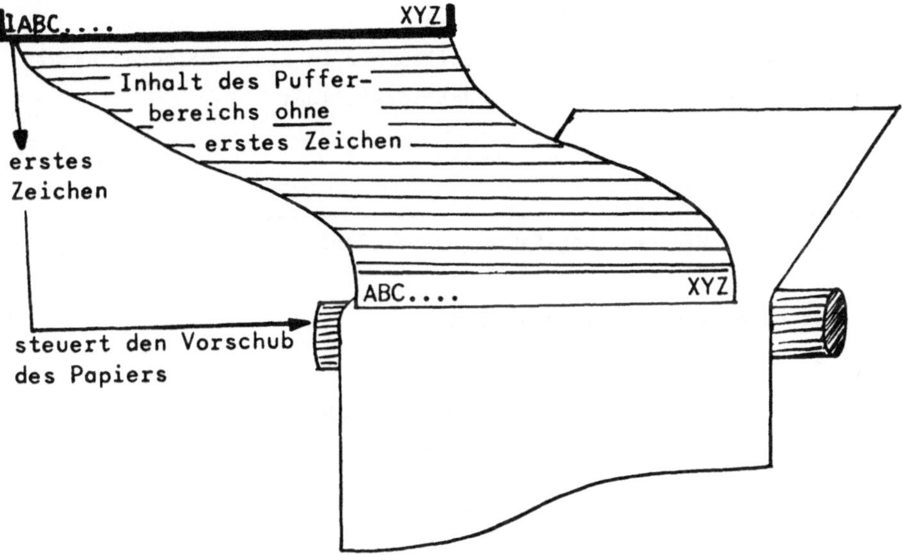


Der Pufferbereich des Druckers enthält nicht nur die Zeichen, die gedruckt werden müssen, sondern auch eines, das angibt, um wieviele Zeilen das Papier vorgeschoben werden muß. Dieses spezielle Zeichen steht an erster Stelle des Pufferbereichs. Der Inhalt des Pufferbereiches wird erst von der 2. Stelle an gedruckt.

Zur Steuerung des Papiervorschubes werden folgende Codes verwendet:

| Codes zur Steuerung des Papiervorschubs | |
|---|---|
| Code | Bedeutung |
| blank | Sprung auf nächste Zeile |
| Ø | Sprung auf übernächste Zeile |
| 1 | Sprung auf neue Seite |

Der Sprung erfolgt immer, <u>bevor</u> die Zeile gedruckt wird.

PRINT- und FORMAT-Anweisungen füllen den Pufferbereich des Druckers. Dabei können und müssen Sie dafür sorgen, daß das erste Zeichen des Puffers einen gültigen Code enthält. Die nächsten Beispiele sollen Ihnen dazu Hinweise geben.

### 2.3.4.3 Nichtnumerische Format-Codes

Die Angabe des Papiervorschubs stellen wir in einen weiteren Rahmen, indem wir Ihnen zwei weitere Format-Codes vorstellen:

| m X |
|---|
| m: Wiederholungsfaktor: ganze Zahl ohne Vorzeichen (>Ø) |

Der Code erzeugt m Leerstellen.

| △ ⟶ Leerstellen |
|---|

Leerstellen wollen wir im folgenden graphisch durch "△" darstellen.

Beispiel: 5 X erzeugt △△△△△

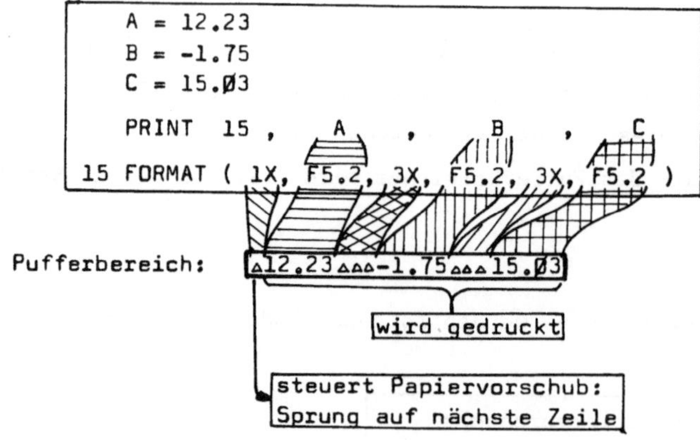

Der zweite Code, den wir präsentieren wollen, heißt H (abgekürzt für Hollerith):

| mH |
| --- |
| m: Wiederholungsfaktor: ganze Zahl ohne Vorzeichen ( > ∅)<br><br>Die m auf H folgenden Zeichen sind Text, keine Codes. |

Beispiel: 

erzeugt im Pufferbereich die Zeichenfolge △TEXT.

Mit dem Code H können Texte gedruckt werden: Begleittexte zu berechneten Resultaten oder, in Verbindung mit einer PRINT-Anweisung der ersten Form, alleinstehende Texte (Titel etc.). Einige Beispiele sollen die Möglichkeit aufzeigen:

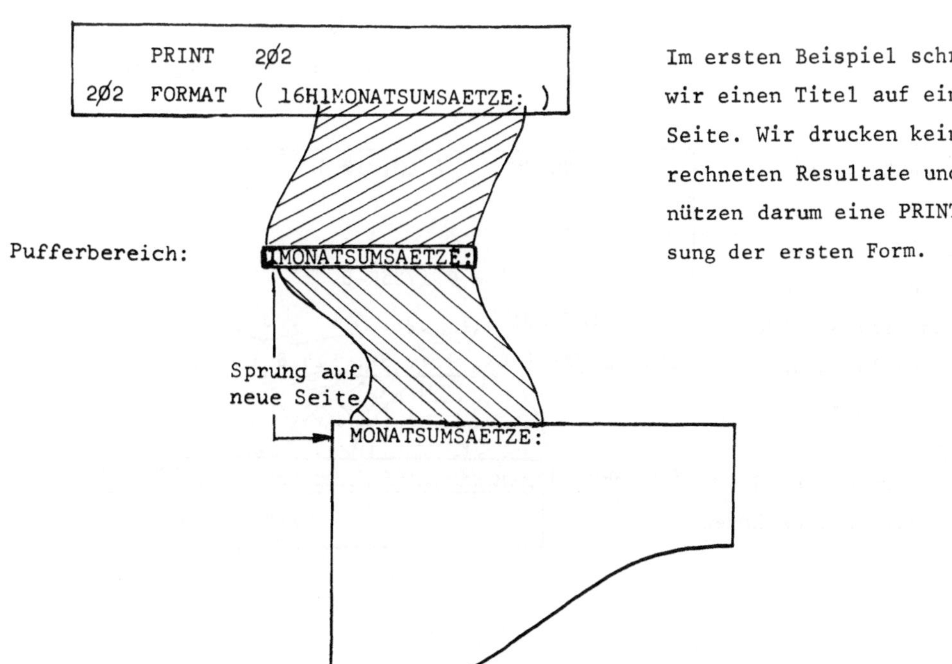


Im ersten Beispiel schreiben wir einen Titel auf eine neue Seite. Wir drucken keine berechneten Resultate und benützen darum eine PRINT-Anweisung der ersten Form.

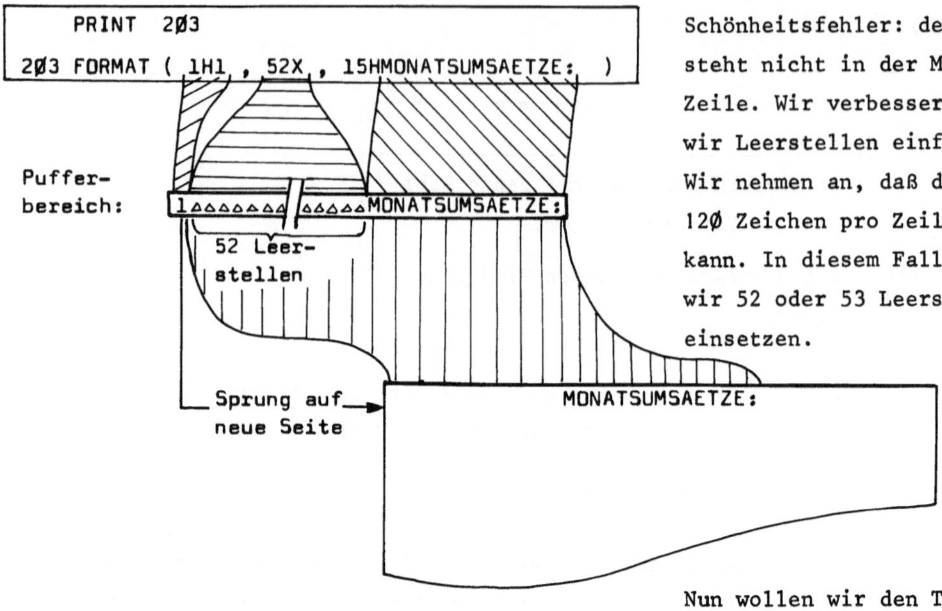

```
    PRINT  2Ø3
2Ø3 FORMAT ( 1H1 , 52X , 15HMONATSUMSAETZE: )
```

Puffer-
bereich:

1△△△△△△△△ △△△△△MONATSUMSAETZE:

52 Leer-
stellen

Sprung auf
neue Seite

MONATSUMSAETZE:

Das erste Beispiel hat einen Schönheitsfehler: der Titel steht nicht in der Mitte der Zeile. Wir verbessern, indem wir Leerstellen einfügen. Wir nehmen an, daß der Drucker 12Ø Zeichen pro Zeile drucken kann. In diesem Falle müssen wir 52 oder 53 Leerstellen einsetzen.

```
    PRINT  2Ø4
2Ø4 FORMAT ( 53X , 14H============== )
```

Nun wollen wir den Titel noch unterstreichen: Warum heißt es jetzt 53X, wo wir doch vorhin nur 52 Leerstellen eingeschoben haben? Die Antwort finden Sie leicht, wenn Sie eine zu den ersten Beispielen analoge Zeichnung erstellen.

Im nächsten Beispiel drucken wir Werte von Variablen: I und J sind ganze Variable und werden beide mit dem Code I4 in den Pufferbereich geschrieben. A ist ein Feldname. Alle Variablen des Feldes A sind reell. Hier benützen wir den Format-Code E.

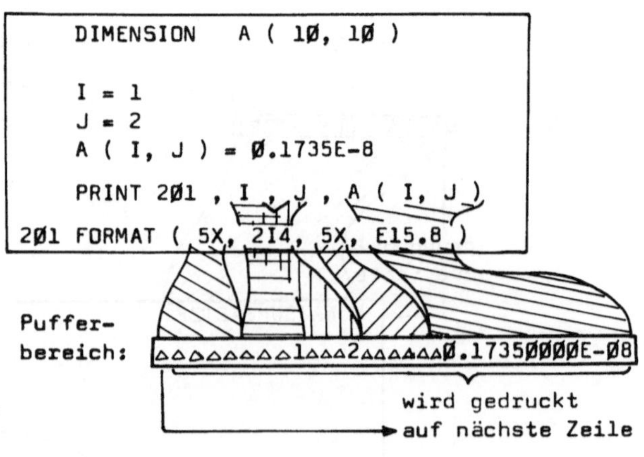

Wir wollen das Beispiel noch mit Begleittext versehen. Auf dem Drucker soll

A( 1, 2) = Ø.1735 E-Ø8

erscheinen. Die unterstrichenen Teile sind Begleittexte, das übrige sind die Werte der Variablen. Die folgenden beiden Anweisungen lösen die gestellte Aufgabe:

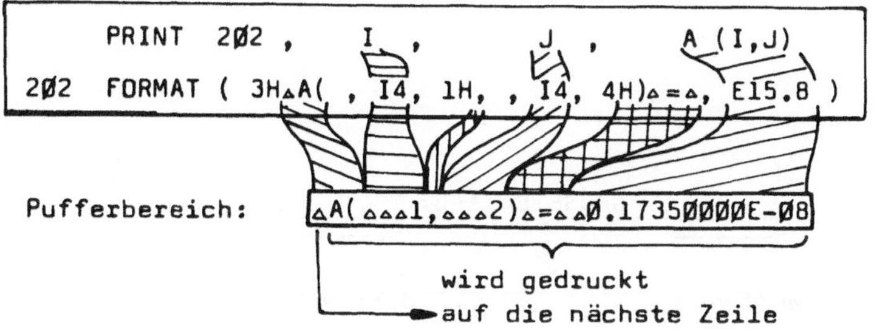


Beim Schreiben bieten die Format-Codes E und F nicht die gleichen Möglichkeiten wie beim Lesen. Die Stellung des Dezimalpunktes richtet sich nur nach dem Format-Code. Reservieren Sie darum im Pufferbereich genügend Stellen für Vorzeichen, Dezimalpunkte und Exponenten!

| Format zum Schreiben | |
|---|---|
| Fw.d | w ≥ d+3 |
| Ew.d | w ≥ d+7 |

```
      PRINT 3,    AMINIM,  AMAXIM
    3 FORMAT( 15H KLEINSTE ZAHL: ,
     1            F13.2 ,
     2        16H, GRÖSSTE ZAHL:  ,
     3            F13.2 )
```

Mit dem bisher Gelernten können wir das einleitende Beispiel nun vollständig verstehen. Die einzigen Anweisungen, die uns bisher gefehlt haben, sind die PRINT- und ihre FORMAT-Anweisung.

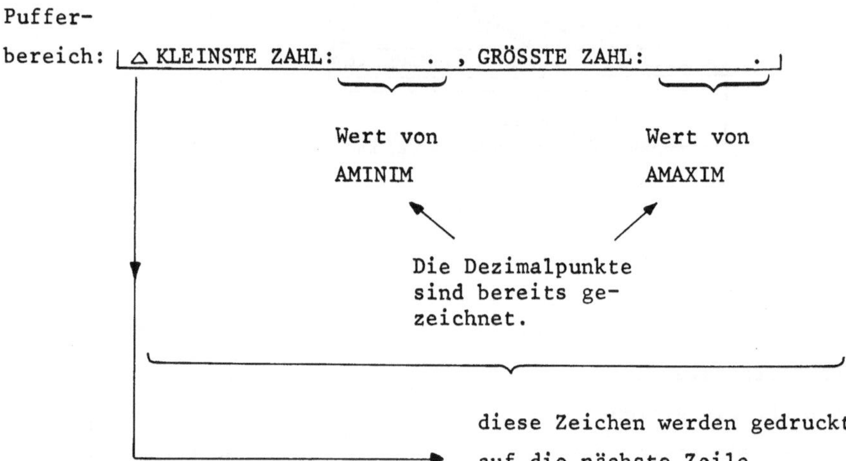


Mit der FORMAT-Anweisung können wir mehrere Zeilen drucken, auch wenn wir nur eine PRINT-Anweisung verwenden. Der dafür vorgesehene Code heißt:

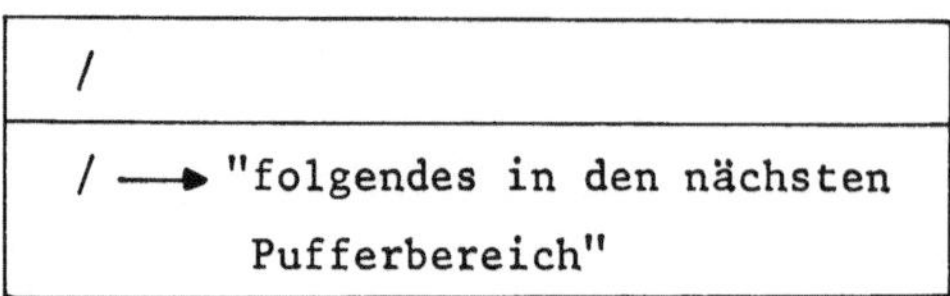


Der Schrägstrich (Slash) kann an Stelle des Kommas zur Trennung zweier Codes verwendet werden.

```
    PRINT  2Ø3
2Ø3 FORMAT  (1H1, 52X, 15HMONATSUMSAETZE:)
    PRINT  2Ø4
2Ø4 FORMAT  (53X, 14H==============)
```

Wir haben in einem Beispiel (S. 52) einen Titel geschrieben, den wir im darauffolgenden Beispiel unterstrichen haben. Wir wollen diese Beispiele in eines zusammenfassen:

```
    PRINT 213
213 FORMAT (1H1, 52X, 15HMONATSUMSAETZE:
    1       /     53X, 14H==============)
```

Der erste Pufferbereich wird gefüllt mit:
1, 52 Leerstellen und 15 Zeichen. / bedeutet, daß das folgende in einen anderen Pufferbereich geschrieben werden soll. Der zweite Pufferbereich wird gefüllt mit:
53 Leerstellen und 14 Zeichen. Dann ist die FORMAT-Anweisung "erschöpft".

```
    PRINT  223,  (MONAT,  MONAT = 1, 12)
223 FORMAT  (1H1,52X, 15HMONATSUMSAETZE: /53X,
    1       14H============== /1HØ, 6X,4HTEXT,
    2        1X,  12I8,  6X,  5HTOTAL  /  1HØ )
```

Wir wollen das letzte Beispiel durch einen Tabellenkopf erweitern: pro Monat sei eine Spalte vorgesehen, zusätzlich links eine Spalte für die Bezeichnung der Zeile (ein Textfeld) und rechts eine "Total"-Spalte. Für die Textspalte seien 15 Zeichen, die Monatsspalte je 8, die Total-Spalte 9 Zeichen bereit. Die Monate bezeichnen wir mit Zahlen; diese sollen in der Mitte der Spalte stehen.

1. Pufferbereich: Titel, wie oben
2. Pufferbereich: unterstreicht den Titel, wie oben
3. Pufferbereich:

```
Ø      TEXT   ·  1       2       3  //  11      12      TOTAL
```

4. Pufferbereich: Ø
   Mit dem 4. Pufferbereich wird keine Zeile gedruckt, doch wird der Sprung um 2 Zeilen ausgeführt.

Die Format-Codes X und / können auch beim Lesen verwendet werden. Wir lassen der Einfachheit halber das Konzept der Pufferbereiche weg, - beim Lesen kann ja deswegen kein Fehler entstehen.

Die beiden Codes bedeuten beim Lesen:

<table>
<tr><td rowspan="2">READ</td><td>mX</td><td>überspringe die nächsten m Kolonnen der Lochkarte.</td></tr>
<tr><td>/</td><td>die folgenden Codes beziehen sich auf die nächste Lochkarte.</td></tr>
</table>

Diejenigen Kolonnen, die mit dem Code X übersprungen werden, werden nicht interpretiert, was auch immer ihr Inhalt ist.

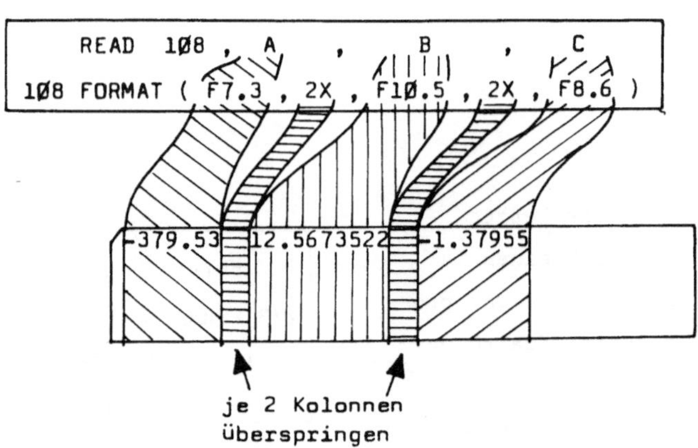


Eine Aufgabe:

Die von Radiosonden gemessenen Werte seien in Lochkarten gelocht worden nach folgenden Angaben:

> pro Sondenaufstieg 1 Lochkarte mit Datum und Aufstiegsnummer in Kol. 1-1Ø, anschließend 7 Werte zu je 1Ø Stellen mit Dezimalpunkt ohne Exponent.

Bestimmen Sie die Leseanweisungen, die nur den 1., 5. und 7. Wert in jeder Karte lesen und den Variablen WERT (1), bzw. WERT (2), bzw. WERT (3) zuordnen.

```
    DIMENSION   WERT (3)
    READ   1Ø9, WERT
1Ø9 FORMAT (1ØX, F1Ø.Ø, 3ØX, F1Ø.Ø, 1ØX, F1Ø.Ø)
```

Die DIMENSION-Anweisung fügen wir der Vollständigkeit halber hinzu. Sie erlaubt uns, in der READ-Anweisung nur den Namen des Feldes aufzuführen (WERT enthält genau 3 Variablen).

Varianten für die READ-Anweisung:

```
READ 1Ø9,  (WERT (I), I = 1, 3)
READ 1Ø9,   WERT (1), WERT (2), WERT (3)
```

Die Varianten der READ-Anweisung setzen nicht voraus, daß WERT genau 3 Variablen enthält. WERT darf auch mehr Elemente enthalten.

Im nächsten Beispiel verwenden wir den Schrägstrich. 2Ø Variablen des Feldes WERTE werden gelesen. Die ersten 1Ø auf der ersten Lochkarte, die nächsten 1Ø auf der nächsten Lochkarte.

```
    DIMENSION   WERTE (3Ø)
    READ  112, (WERTE (J), J=1,2Ø)
112 FORMAT    ( 1ØF8.3/ 1ØF8.3)
```

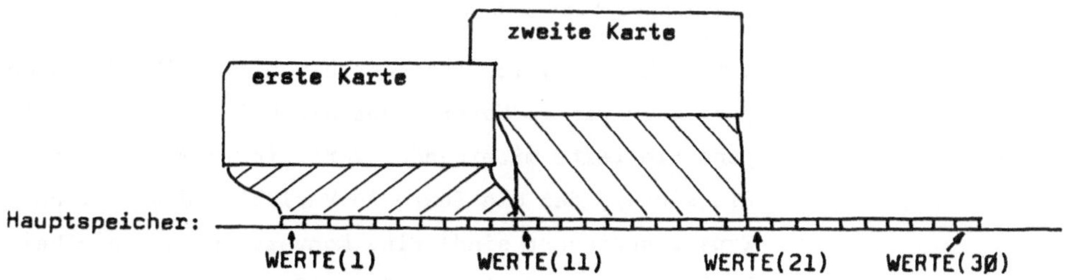


Die Anweisung

```
READ 112, WERTE
```

würde 3Ø Variablen lesen, wir benötigen also die implizite Schleife.

Bisher haben wir nur ganz bescheiden mit Texten gearbeitet. Wir haben gelernt, daß man Texte drucken kann, die in der FORMAT-Anweisung enthalten sind (Code H). Gewisse Probleme können jedoch nur dann gelöst werden, wenn Texte auch gelesen und miteinander verglichen werden können. Fortran bietet dazu einige bescheidene Möglichkeiten an (leider nicht in allen Computern, s. Merkblätter). Andere Programmiersprachen eignen sich zu intensiver Textverarbeitung besser als Fortran (z.B. COBOL, PL/1, u.a.).

Um Texte in Variablen einzulesen oder aus Variablen herauszuschreiben benützt man den Format-Code A.

| m A w |
| --- |
| m: Wiederholungsfaktor (fakultativ), ganze Zahl ohne Vorzeichen (>0)<br>w: Anzahl Stellen in der externen Darstellung |

Vorsicht mit dem Code A ist in verschiedener Hinsicht notwendig:

- Jede Variable kann nur wenige Zeichen des Textes speichern. Bei gewissen Computern sind die Kapazitäten der reellen und der ganzen Variablen verschieden. Die Merkblätter geben darüber Auskunft.
- Auch wenn Variablen Text enthalten, ist ihr Typ numerisch: ganz oder reell. Fortran enthält keine Text-Variablen. Wenn Sie Texte miteinander vergleichen müssen, stellen Sie sicher, daß die Texte in Variablen des gleichen Typs gespeichert sind! Eine Konversion, wie sie bei Zahlen durchgeführt wird ( reell→ganz oder ganz→ reell ), würde Ihren Text verstümmeln.

```
     DIMENSION   TEXT (8Ø)
     READ   1Ø1Ø, (TEXT(K), K=1,8Ø)
1Ø1Ø FORMAT      ( 8ØA1   )
```

Das nebenstehende Beispiel liest eine Lochkarte und speichert jedes Zeichen der Karte in eine Variable des Feldes TEXT.

Die Variablen des Feldes TEXT sind reell. Sie werden vom Übersetzer so behandelt, als ob ihr Inhalt eine reelle Zahl wäre.

Haupt-
speicher:
TEXT (1)
TEXT (8Ø)

Wir wollen im nächsten Beispiel ab der Lochkarte einen Titel lesen und ihn drucken. Der Titel habe auf einer Lochkarte Platz. Wir nehmen auch an, daß die reellen Variablen 4 Zeichen aufnehmen können.

```
     DIMENSION   TITEL (2Ø)
     READ  15, (TITEL(J), J=1,2Ø)
15         FORMAT  (2Ø A 4)
     PRINT 16, (TITEL(J), J=1,2Ø)
16         FORMAT (1H1, 2ØX, 2Ø A 4)
```

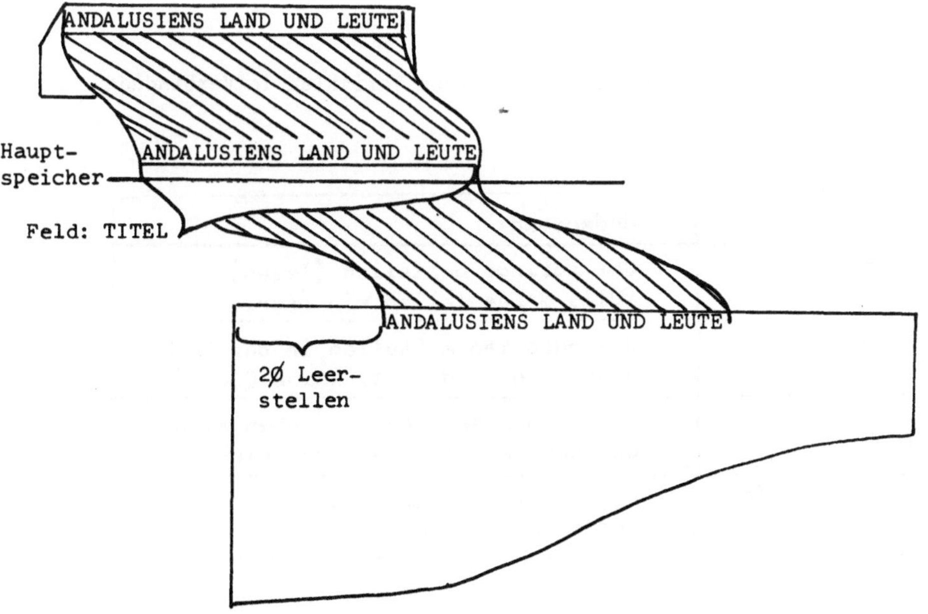

Bevor wir ein vollständiges Programmbeispiel behandeln, stellen wir die erworbenen Kenntnisse über die Format-Codes zusammen:

Es gibt Codes, die mit Variablen in Verbindung stehen:

| Inhalt der Variable | Typ der Variable | Format-Code | Merkwort |
|---|---|---|---|
| numerisch | ganz | mIw | Integer |
| | reell | mFw.d | Floating-Point |
| | | mEw.d | mit Exponent |
| alpha-numerisch | ganz oder reell | mAw | Alphanumerisch |

m: Wiederholungsfaktor, fakultativ ganze Zahl ohne Vorzeichen, > Ø

w: Anzahl der Stellen im externen Speicher, > Ø

d: Anzahl der Stellen nach dem Dezimalpunkt.

m, w und d sind ganze Zahlen ohne Vorzeichen (m>Ø, w>Ø, d ⩾ Ø)

Daneben gibt es Codes, die mit keinen Variablen in Verbindung stehen:

| Code | Bedeutung |
|---|---|
| mX | Überspringe m Stellen (lesen)<br>fülle m Leerstellen ein (schreiben) |
| mH | die nächsten m Stellen in der FORMAT-Anweisung sind Text, keine Codes |
| / | die folgenden Codes beziehen sich auf den nächsten Pufferbereich. |

m: Wiederholungsfaktor, obligatorisch, ganze Zahl ohne Vorzeichen, > Ø

## 2.3.5 Beispiel eines vollständigen Programms

Wir unterbrechen an dieser Stelle die Behandlung der FORMAT-Anweisung und besprechen ein vollständiges Programmbeispiel.

Aufgabe:

In einer Serie von Beobachtungen sind je drei Größen gemessen worden. Wir sollen den Mittelwert jeder Größe berechnen.

Die gemessenen Werte sind pro Beobachtung in eine Karte gelocht worden: in die Kol. 1Ø - 2Ø, 21 - 26 bzw. 4Ø - 48 mit 6 bzw. 3 bzw. 5 Dezimalstellen nach dem Punkt. Daneben enthalten die Lochkarten noch Text und weitere Angaben, die letzten 15 Kolonnen sind jedoch unbenützt geblieben.

Lösung:

erste Karte

Wir kennen die Anzahl der Messungen nicht und können den Computer nicht anweisen, eine bestimmte Anzahl von Lochkarten zu verarbeiten. Um diesen Mangel zu beheben, könnten wir vor jedem Lauf selber die Anzahl Messungen zählen und auf einer ersten Lochkarte dem Computer mitteilen. Sind dabei Fehler ausgeschlossen? Zählen wir immer fehlerlos, auch über 1ØØØ hinaus?

Diese Fragen heißen uns bessere Lösungen suchen: z.B. können wir eine Lochkarte mit besonderen Lochungen den Karten der Messungen anfügen. Wenn der Computer diese Karte entdeckt, sind alle Messwerte gelesen. Auf diese Art sind wir des Zählens der Lochkarten enthoben: wir können keine Fehler machen und müssen nicht so viel arbeiten. Wir definieren eine "letzte Karte", die wir den Karten mit den Messwerten anfügen: die "letzte Karte" muß von allen vorhergehenden Karten verschieden sein. Andernfalls würde der Computer das "Ende" der Daten zu früh entdecken und nachfolgende Messwerte nicht verarbeiten.

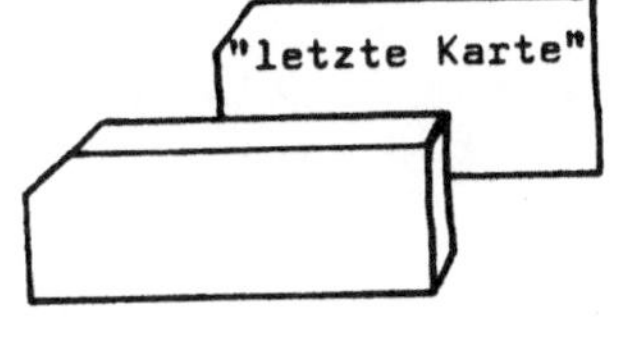


Unsere Aufgabe bietet viele Möglichkeiten für "letzte Karten", da die letzten 15 Kolonnen unbenützt geblieben sind.

Eine der Möglichkeiten ist:
die "letzte Karte" enthält in den Kol. 66 und 67 "-1". Auf diese Möglichkeit wollen wir uns einigen und sie zur Lösung der Aufgabe benützen.

Die Mittelwerte werden nach der Formel:

$$\mu = \frac{\sum_{i=1}^{n} x_i}{n}$$

n: Anzahl Messwerte
$x_i$: Messwert

berechnet. Wir stellen fest, daß wir auch die Anzahl der Messwerte zur Lösung der Aufgabe benötigen. So lassen wir den Computer die gelesenen Messungen zählen.

Das Blockdiagramm der Aufgabe hat folgende Gestalt:

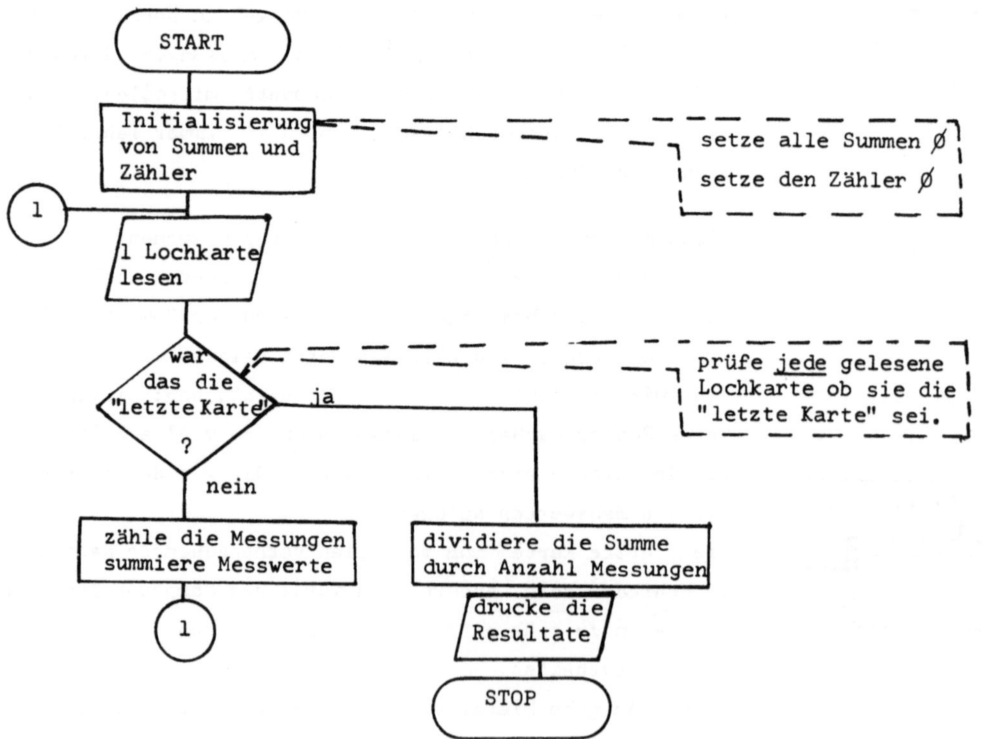

Bevor wir das Programm schreiben, müssen wir noch festlegen, wie wir die Daten und Werte speichern wollen:

die Verwendung von Feldern liegt nahe: wir bekommen pro Messung drei Werte, mit denen die gleichen Rechnungen durchzuführen sind. So werden wir auch drei Summen zu einem Feld zusammenfassen. Wir wählen möglichst suggestive Namen: z.B.

WERTE und SUMME

für die Felder.

Gezählt wird üblicherweise mit ganzen Zahlen, also ist der Name ZAEHLER nicht zu gebrauchen. Wir wählen mit IZAEL einen Namen für den Zähler der Messungen, der nicht zu lang ist.

Das Programm können wir nun schreiben: (nächste Seite)

```
C                 PROGRAMM ZUR BERECHNUNG VON MITTELWERTEN
C                 ************************************
C                                                  DEKLARATIONEN DER FELDER
      DIMENSION  SUMME(3),  WERTE(3)
C                                                  INTIALISIERUNG:
      DO 1Ø  I=1,3
                  SUMME(I) = Ø.Ø
   1Ø             CONTINUE
      IZAEL = Ø
C                                                  LESEN:
    1 READ    2, ( WERTE(I), I=1,3 ), IENDE
    2             FORMAT ( 9X, F11.6, F6.3, 13X, F9.5, 17X, I2 )
C
C                                                  LETZTE KARTE GELESEN ?
      IF  ( IENDE + 1 )  2Ø, 3Ø, 2Ø
C                                                  KARTE VERARBEITEN:
   2Ø    DO  25  I=1,3
                  SUMME(I) = SUMME(I) + WERTE(I)
   25             CONTINUE
         IZAEL = IZAEL + 1
         GO TO 1
C                                                  SUMMEN DIVIDIEREN:
   3Ø DO 35 I=1,3
C                 (NAECHSTE ANWEISUNG ENTHAELT MIXED-MODE-AUSDRUCK)
                  SUMME(I) = SUMME(I) / IZAEL
   35             CONTINUE
C                                                  RESULTATE DRUCKEN:
      PRINT 4Ø,  IZAEL, (SUMME(I), I=1,3)
   4Ø    FORMAT (22HØANZAHL DER MESSUNGEN:, I1Ø /
     1            14HØMITTELWERT 1:, F12.6, 1H, , 5X,
     2            13HMITTELWERT 2: , F12.3, 1H, , 5X,
     3            13HMITTELWERT 3: , F12.5 )
                                                   STOP
                         END
```

Bemerkungen zum Beispiel:

1) Falls Ihr Computer mixed-mode-Ausdrücke nicht kennt, können Sie die Zeilen 21Ø bis 24Ø durch folgende Anweisungen ersetzen:

```
30    ZAEHL = IZAEL
      DO 35  I=1,3
             SUMME(I) = SUMME(I) / ZAEHL
35           CONTINUE
```

Ein anderer Weg, um diese Schwierigkeiten zu überwinden, besteht darin, daß Sie die ganze Variable IZAEL durch eine reelle Variable ersetzen. Änderungen würden notwendig in den Karten mit den Nummern:

```
 7Ø:  ZAEHL = Ø.Ø
18Ø:  ZAEHL = ZAEHL + 1.Ø
23Ø:  SUMME(I) = SUMME(I) / ZAEHL
26Ø:  PRINT 4Ø, ZAEHL, (SUMME(I), I=1,3)
27Ø:  FORMAT ( 22HØANZAHL DER MESSUNGEN:, F11.Ø /
```

2) Wir speichern die Mittelwerte in den gleichen Variablen wie die Summe, da wir nach der Berechnung der Mittelwerte die Summe nicht mehr benötigen.

3) Haben Sie herausgefunden, welche Kommas der FORMAT-Anweisung 4Ø gedruckt werden und welche bloß zur Trennung von Format-Codes dienen?

## 2.3.6 Die FORMAT-Anweisung (II)

Im ersten Abschnitt über die FORMAT-Anweisung (2.3.4) haben wir diverse Codes kennengelernt und gesehen, welche Möglichkeiten Sie bieten und wie sie eingesetzt werden können. In diesem Abschnitt werden nicht einzelne Codes behandelt, sondern Eigenschaften der Gesamtheit aller Codes einer FORMAT-Anweisung.

In den bisherigen Beispielen ist jeder Variablen der READ- bzw. PRINT-Anweisung genau ein Format-Code I, E, F oder A zugeordnet gewesen. Die FORMAT-Anweisung gestattet jedoch, daß die Anzahl der Variablen und der Format-Codes verschieden sind.

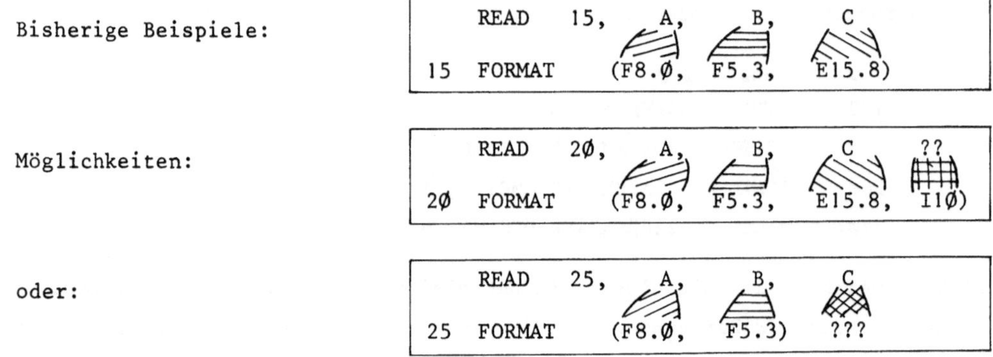


Überzählige Format-Codes werden ganz einfach nicht benützt. Im obigen Beispiel ist der Code I1Ø überzählig. Er wird nicht benützt.

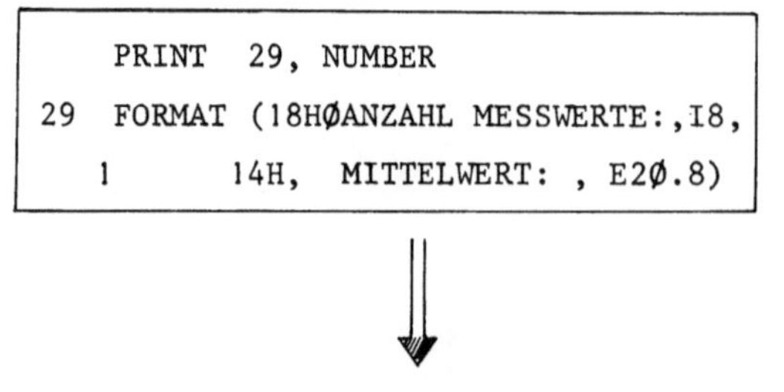


Wie steht es, wenn überzählige Codes mit andern gemischt sind, die keine Variablen übertragen? Die FORMAT-Anweisung wird ausgewertet, bis alle verlangten Variablen von oder zum Pufferbereich übertragen sind und darüberhinaus, bis zum nächsten Code A,E,F oder I.

Pufferbereich des Druckers:

```
ØANZAHL MESSWERTE:         , MITTELWERT:
```

NUMBER, 8-stellig

Das Beispiel füllt den Pufferbereich des Druckers bis zum Code E2Ø.8; er ist der erste unbenütze Code.

Denselben Pufferbereich erzeugen die Anweisungen:

```
    PRINT 3Ø, NUMBER
3Ø  FORMAT (18HØANZAHL MESSWERTE:, I8,
  1        14H, MITTELWERT:, E2Ø.8,
  2        12H, STREUUNG:  , E15.3)
```

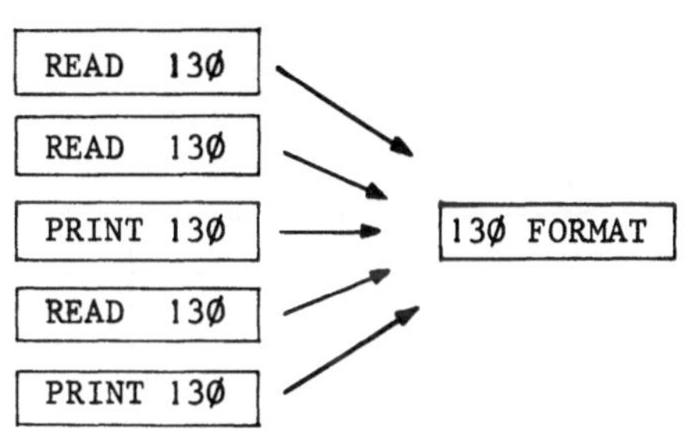


Jetzt stellen Sie gewiß die Frage, ob denn FORMAT-Anweisungen mit überzähligen Codes sinnvoll sind.
Diese Frage ist vernünftig; denn wir haben noch nicht erwähnt, daß eine FORMAT-Anweisung von mehreren READ- und PRINT-Anweisungen benützt werden kann.

Können Sie sich in Anlehnung an die beiden vorangehenden Beispiele die folgenden Anweisungen erklären?

```
PRINT 3Ø, NUMBER, WMITTL, STREU
PRINT 3Ø, NUMBER, WMITTL
PRINT 3Ø, NUMBER
```

Einige weitere Beispiele:

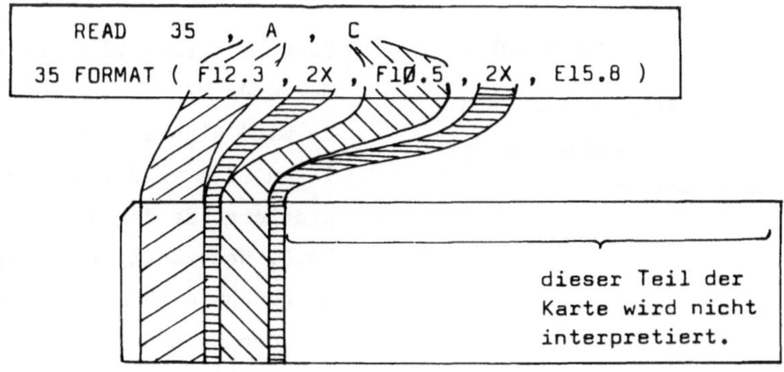


Im Abschnitt 2.3.4 steht das Beispiel (S. 57)

```
     DIMENSION  WERTE (3Ø)
     READ 112, ( WERTE(J), J = 1, 2Ø)
112  FORMAT  ( 1Ø F8.3 / 1Ø F8.3)
```

Daran anschließend wollen wir zeigen, was bei

| READ | 112, | (WERTE (J), J = 1, 9) |
|---|---|---|

und

| READ | 112, | (WERTE (J), J = 1,1Ø) |
|---|---|---|

passiert.

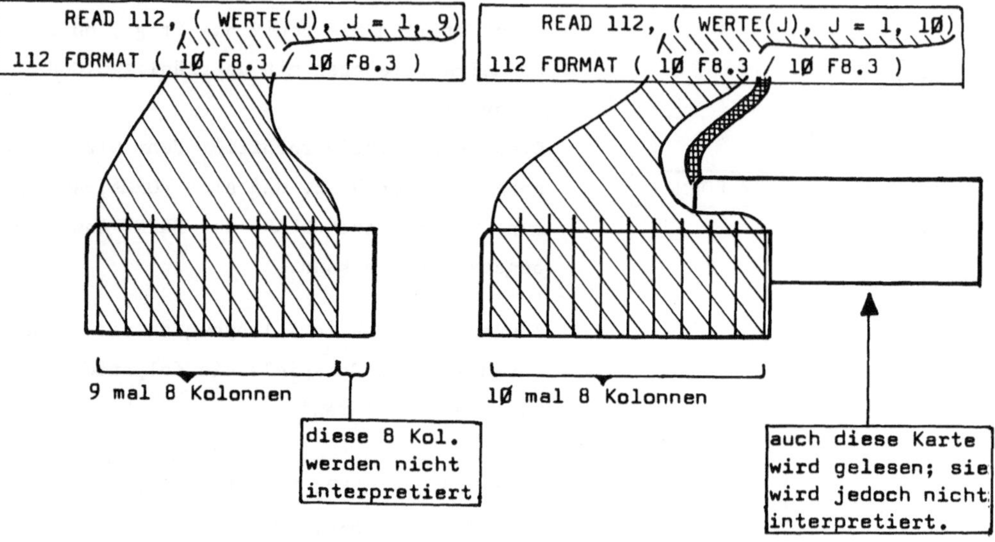


Nur 9 Codes F8.3 werden benützt.

Da bereits der zehnte Code F8.3 nicht mehr benützt wird, ist der Code "/" ohne Wirkung.

Benützt werden 1Ø Codes F8.3 und der Code "/".

Es wird also eine zweite Karte gelesen. Sie wird jedoch nicht interpretiert, da der nächste Code, F8.3, überzählig ist. Die nächste ausgeführte READ-Anweisung liest die den beiden gezeichneten Karten nachfolgende.

Nun der andere Fall: in der FORMAT-Anweisung stehen weniger Codes als zur Übertragung der Variablen benötigt werden.

```
   DIMENSION   TEXT (1ØØ)
   READ 7, (TEXT(I),I=1,1ØØ)
 7 FORMAT (2ØA4)
```

Im nebenstehenden Beispiel sollen 1ØØ Variablen gelesen werden, doch stehen nur 2Ø Format-Codes zur Verfügung.

Folgendes spielt sich bei diesem Beispiel ab:

2Ø Variablen werden mit den Codes 2ØA4 gelesen; dann wird auf die nächste Karte übergegangen; dort werden die nächsten 2Ø Variablen mit den Codes 2ØA4 gelesen; die nächsten 2Ø Variablen werden auf dieselbe Art auf einer dritten Karte gelesen, die nächsten 2Ø auf einer vierten und die letzten 2Ø Variablen auf einer fünften Karte.

Die FORMAT-Anweisung wird also wiederholt, bis alle verlangten Variablen übertragen sind. Diese Regel gilt jedoch nur unter dem Vorbehalt einer differenzierteren, die wir bald lernen werden.

Das obige Beispiel kann auf eine Ihnen bekannte Form zurückgeführt werden: zerlegen Sie die READ-Anweisung in solche, die 2Ø Variablen lesen:

```
     READ   7, (TEXT(I), I=1,  2Ø )
     READ   7, (TEXT(I), I=21, 4Ø )
     READ   7, (TEXT(I), I=41, 6Ø )
     READ   7, (TEXT(I), I=61, 8Ø )
     READ   7, (TEXT(I), I=81, 1ØØ)
 7   FORMAT    ( 2ØA4 )
```

Eine andere Möglichkeit ist:

```
   READ 7, (TEXT(I), I=1, 1ØØ)
 7 FORMAT  (2ØA4 / 2ØA4 / 2ØA4 / 2ØA4 / 2ØA4)
```

Jedoch bietet diese Möglichkeit dieselben Schwierigkeiten, wenn wir mehr als 1ØØ Variablen lesen wollen: Die FORMAT-Anweisung ist dann "ausgeschöpft", bevor alle Variablen gelesen sind.

Im nächsten Beispiel wollen wir eine Tabelle einlesen: je 5 Werte sind in eine Lochkarte gelocht worden. Wieviele Werte gelesen werden müssen, steht in einer ersten Lochkarte.

```
      DIMENSION   TABLE (1ØØØ)
    1 FORMAT  ( I4 )
    2 FORMAT  ( 5E15.8 )
      READ 1,NANZHL
      IF (NANZHL) 99, 99, 1Ø
 1Ø   IF (NANZHL-1ØØØ) 2Ø,2Ø,99
 2Ø   READ 2,(TABLE(K), K=1,NANZHL)
```

Anzahl der zu lesenden Werte

je 5 Werte in einer Karte, die letzte darf weniger als 5 Werte enthalten.

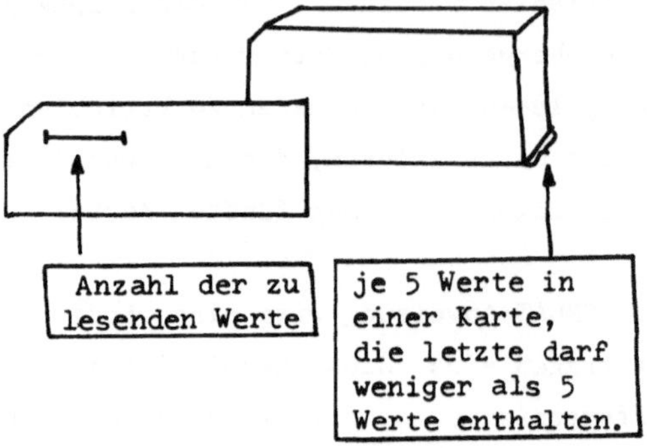

Wir lesen also zuerst die Anzahl der Werte und prüfen sie; sie könnte ja der Platzreservation für die Tabelle widersprechen. Nur wenn die Anzahl zulässig ist, lesen wir die Werte.
Wenn die Anzahl unzulässig ist ($\leqslant$ Ø oder > 1ØØØ) springen wir zu einer (nicht angeführten) Anweisung Nr. 99.

Die Anweisung 2Ø liest Karten, bis alle verlangten Variablen gelesen sind:

| | | | | | |
|---|---|---|---|---|---|
| für | 1 | - | 5 | Variablen | 1 Karte |
| für | 6 | - | 1Ø | Variablen | 2 Karten |
| für | 11 | - | 15 | Variablen | 3 Karten |
| für | 16 | - | 2Ø | Variablen | 4 Karten |

etc.

Beim Drucken gilt eine analoge Regel:

Sobald die FORMAT-Anweisung ausgeschöpft ist, werden noch fehlende Variablen in einen neuen Pufferbereich gesetzt und danach auf eine neue Zeile gedruckt.

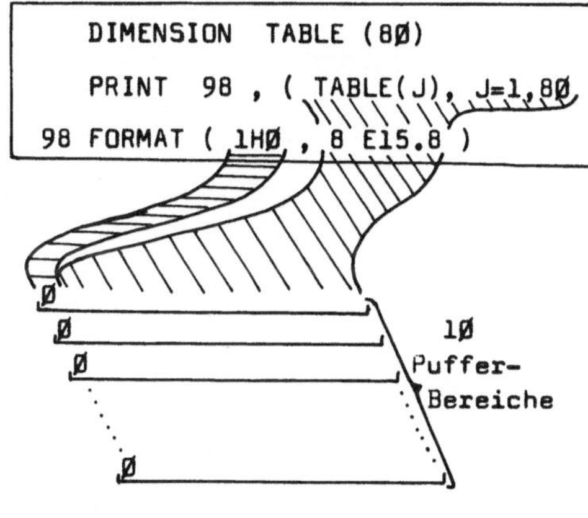


Im nebenstehenden Beispiel werden 8Ø Zahlen gedruckt:

in den ersten Pufferbereich werden eine Null und 8 Zahlen eingesetzt. Dann ist die FORMAT-Anweisung ausgeschöpft: also wird ein zweiter Pufferbereich angefangen. In ihn wird zuerst eine Null (1HØ) eingesetzt und anschließend 8 Zahlen. Da damit die FORMAT-Anweisung schon wieder ausgeschöpft ist, wird ein neuer Pufferbereich gefüllt. Auf diese Art wird fortgefahren, bis alle Zahlen in Pufferbereiche eingefüllt sind. Im ganzen benötigen wir 1Ø Pufferbereiche; jeder enthält eine Null und 8 Zahlen.

Wie werden diese Pufferbereiche gedruckt? Welche Teile davon? Wieviel Zeilen des Papiers werden benötigt?

Die Null an der ersten Stelle der Pufferbereiche wird nicht gedruckt; sie steuert den Papiervorschub (Sprung um 2 Zeilen).

VARIANTE:

```
      DIMENSION  TABLE (8Ø)
      DO 97 J1 = 1, 8Ø, 8
         J2 = J1 + 7
         PRINT 98,(TABLE(J),J=J1,J2)
97       CONTINUE
98       FORMAT ( 1HØ, 8 E15.8 )
```

Die gleichen Resultate hätten wir mit der nebenstehenden Variante erzeugen können: pro ausgeführtem PRINT-Befehl werden nur 8 Zahlen gedruckt: die Variablen mit Indizes zwischen J1 und J2.

Die FORMAT-Anweisung bietet eine weitere Möglichkeit (leider nicht in allen Computern, s. Merkblätter unter Schachtelung in der FORMAT-Anweisung). Mehrere Codes können durch Klammerpaare zusammengefaßt werden und mit einem gemeinsamen Wiederholungsfaktor versehen werden. Manche Computer erlauben, daß mehrere Klammerpaare ineinander geschachtelt werden (in ähnlicher Weise wie DO-Schleifen).

Im Abschnitt 2.3.4.3 haben wir das Paar der Anweisungen verwendet:

```
      PRINT 2Ø4
  2Ø4 FORMAT (53X, 14H==============)
```

Wir haben damit einen Titel unterstrichen. Wir lösen die 14 "="-Zeichen auf in einzelne mit dem Code 1H= und wiederholen diesen 14 mal.

```
      PRINT 2Ø41
 2Ø41 FORMAT (53X, 14(1H=) )
```

Diese Format-Anweisung ist einfacher zu lochen, da wir nicht mehr 14 "="-Zeichen abzählen müssen.

In der Folge haben wir auf Seite 55 einen Tabellenkopf geschrieben. Wir wollen die Kolonnen deutlicher voneinander abgrenzen, indem wir an ihren Grenzen Sternchen drucken:

```
      PRINT 223Ø, (MONAT, MONAT = 1, 12)
 223Ø FORMAT (1H1, 52X, 15HMONATSUMSAETZE:/ 53X,
     1       14(1H=)/  1HØ, 6X, 4HTEXT,
     2          5X,   12  (1H*, I4, 3X), 1H*, 2X, 5HTOTAL/1HØ)
```

← neue Formulierung

Der erste und der zweite Pufferbereich werden gleich gefüllt, wie in der alten Version, der dritte jedoch in einer andern Weise:

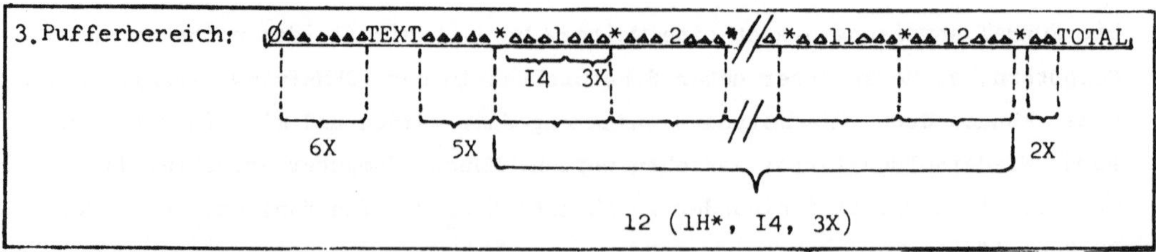


Am vierten Pufferbereich wird nichts verändert: an seine erste Stelle wird die Null gesetzt.

Im Anschluß an diesen Tabellenkopf wollen wir noch eine Zeile der Tabelle schreiben: wir nehmen an, daß der Text der Zeile von Lochkarten gelesen werde und die Zahlen der Tabelle in einem Feld TABEL gespeichert seien. TABEL besitze zwei Indizes, den ersten für die Zeile und den zweiten für die Kolonne (Spalte). Das Total jeder Zeile werde im Feld TOTAL gespeichert. Wir wollen weiterhin die Spalten der Tabelle mit Sternchen voneinander trennen.

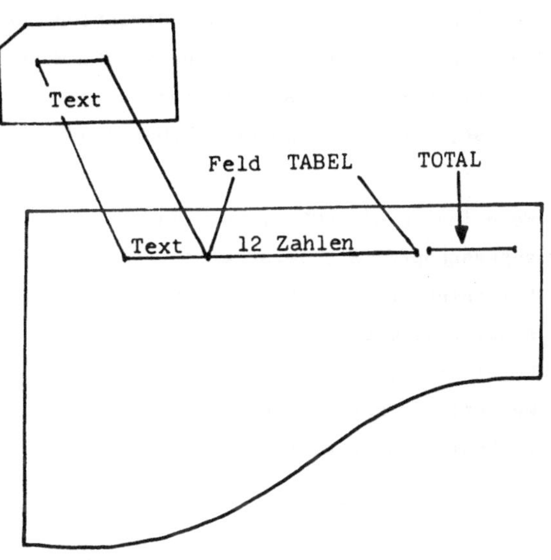


```
      DIMENSION     TABEL  (1ØØ, 12), TOTAL (1ØØ),
     1                TEXT (4)
C     TEXT  LESEN :
                      READ  28,  TEXT
   28                            FORMAT (3A4, A3)
C     EINE ZEILE DRUCKEN:
                      PRINT   29, TEXT, (TABEL(NZEILE,J), J=1,12),
     1                            TOTAL (NZEILE)
   29                 FORMAT  (1HØ, 3A4, A3, 12(1H*, F7.2), 1H*, F8.2)
```

Mit welchem Abstand werden die Zeilen der Tabelle gedruckt, wenn sie gemäß dem Format 29 geschrieben werden? Sind die Sternchen genau unter denen des Tabellenkopfes plaziert?

Die Programmzeilen, die mit C beginnen, bedeuten Kommentar (vgl. 1.4).

In den letzten zwei Beispielen hat die Anzahl der Codes A, E, F bzw. I mit der Anzahl der zu druckenden Variablen übereingestimmt. Sie wissen, daß diese Übereinstimmung nicht notwendig ist. Wenn die FORMAT-Anweisung nicht ausgeschöpft wird bevor alle Variablen gedruckt (gelesen) sind, handelt der Computer so, wie Sie es gelernt haben (auf S. 66).

Wenn jedoch die FORMAT-Anweisung ausgeschöpft ist, bevor alle Variablen gedruckt bzw. gelesen sind, wird die bisher gelernte Regel (S. 69) nicht immer angewendet; wir müssen sie (wie angekündigt modifizieren:

Wir zeichnen dazu eine FORMAT-Anweisung schematisch (es interessieren nur die Klammern):

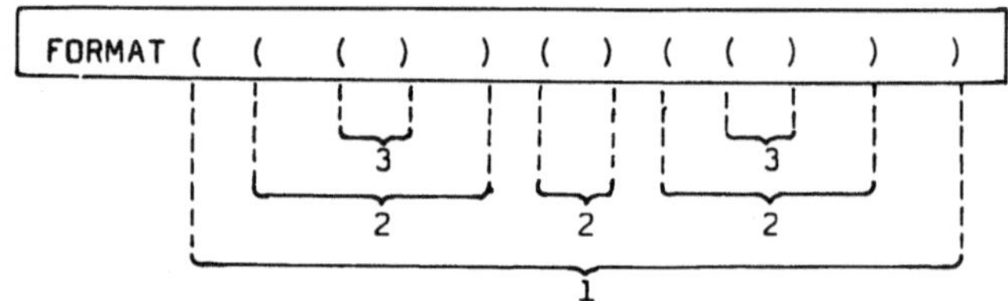


Wir unterscheiden die Klammern nach der Tiefe der Schachtelung:

die Klammern 1 gehören immer zur Anweisung und enthalten das 1. Niveau,
die Klammern 2 enthalten das 2. Niveau,
die Klammern 3 enthalten das 3. Niveau.

Wenn die FORMAT-Anweisung ausgeschöpft ist, bevor alle Variablen gedruckt bzw. gelesen sind, wird bei der öffnenden Klammer fortgesetzt, die das 2. Niveau enthält und am weitesten rechts steht. Ein Wiederholungsfaktor vor dieser Klammer wird bei der Fortsetzung auch berücksichtigt.

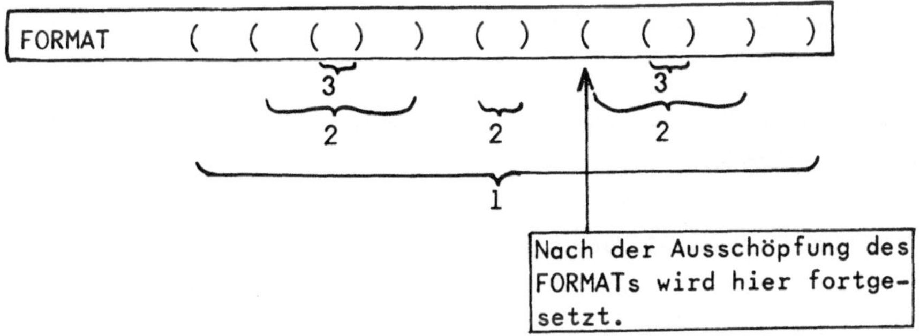


Regeln über Fortsetzung von ausgeschöpften Formaten:

- ohne Schachtelung: von vorne
- mit Schachtelung: bei der am weitesten rechts liegenden öffnenden Klammer, die das 2. Niveau einleitet (inklusive Wiederholungsfaktor).

Im nächsten Beispiel wollen wir eine Tabelle schreiben, die 3∅ Zeilen und 8 Kolonnen enthält. Jede Zeile soll am Anfang ihre Nummer enthalten.

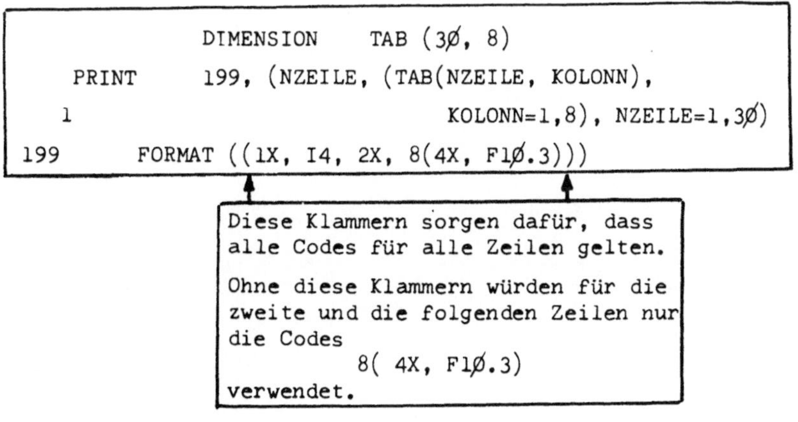

```
                 DIMENSION    TAB (3∅, 8)
      PRINT      199, (NZEILE, (TAB(NZEILE, KOLONN),
     1                                KOLONN=1,8), NZEILE=1,3∅)
  199       FORMAT ((1X, I4, 2X, 8(4X, F1∅.3)))
```

Bevor wir die gewonnenen Kenntnisse über die FORMAT-Anweisung abschließen, wollen wir nochmals erwähnen, daß

- jede READ-oder PRINT-Anweisung auf eine FORMAT-Anweisung Bezug nimmt und
- mehrere READ- und PRINT-Anweisungen auf die gleiche FORMAT-Anweisung Bezug nehmen dürfen.

Zum Schluß des Abschnittes wollen wir noch zeigen, wie der Übersetzer die FORMAT-Anweisung behandelt.

Die FORMAT-Anweisung dient als Schablone. Der Übersetzer versorgt die Schablone nach einigen Syntax-Prüfungen im übersetzten Programm. Eine READ- oder PRINT-Anweisung nimmt dann auf die Adresse Bezug, wo das Format (die Schablone) gespeichert ist.

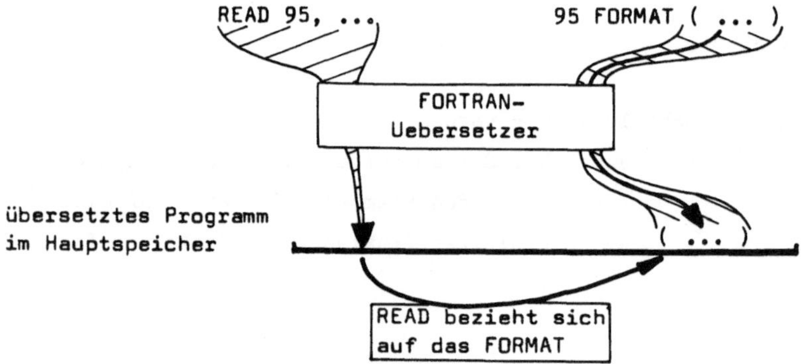

## 2.3.7 Die FORMAT-Anweisung, Pufferbereiche Übersicht und Zusammenfassung

Für Details und ausführlichere Beschreibungen verweisen wir auf die vorangegangenen Abschnitte.

| xx | FORMAT | (liste von codes) |
|---|---|---|
| | xx: | Anweisungsnummer, obligatorisch.<br>Mehrere Codes werden voneinander durch Komma oder Schrägstrich getrennt. |

Die Anweisung ist nicht ausführbar. Sie darf überall im Programm stehen.

Codes zur Übertragung von Variablen:

| Code | Typ der Variable | Inhalt der Variable | Bemerkungen | siehe Seite |
|---|---|---|---|---|
| mIw | ganz | ganze Zahl | | 41, 52 |
| mFw.d | reell | reelle Zahl | w ⩾ d Lesen<br>w ⩾ d +3 Schreiben | 42, 5Ø |
| mEw.d | reell | reelle Zahl | w ⩾ d Lesen<br>w ⩾ d +7 Schreiben | 46, 52f. |
| mAw | beliebig | Zeichen | | 58 |

m: Wiederholungsfaktor, fakultativ, ganze Zahl ohne Vorzeichen, > Ø

w: Anzahl der Stellen im Pufferbereich, ganze Zahl ohne Vorzeichen, > Ø

d: Anzahl Stellen nach Dezimalpunkt, ganze Zahl ohne Vorzeichen, ⩾ Ø

Iw : Lesen: - Zahl steht in den w Stellen,
- Leerstellen werden als Ø interpretiert.

Schreiben: - die Zahl steht rechts in den w Stellen,
- führende Nullen (links) werden durch Blanks ersetzt.

Fw.d : Lesen: - Dezimalpunkt nicht nötig
- Dezimalpunkt darf irgendwo in den w Stellen stehen,
- wenn Dezimalpunkt fehlt, werden die letzten d der w Stellen des Pufferbereichs als hinter dem Dezimalpunkt stehend betrachtet.

Schreiben: - die Zahl wird rechts in die w Stellen des Pufferbereichs geschrieben.
- unbenützte Plätze werden mit Blanks aufgefüllt.

Ew.d : Lesen: - Dezimalpunkt nicht nötig,
- Dezimalpunkt darf irgendwo innerhalb der w Stellen und vor dem Exponenten stehen,
- wenn der Dezimalpunkt fehlt, werden die letzten d Stellen vor dem Exponenten als nach dem Dezimalpunkt stehend betrachtet.

Schreiben: - die Zahl wird immer rechts in die w Stellen des Pufferbereichs geschrieben in der Form

sØ.nnnnnnE±nn

d-Stellen

Vorzeichen: - oder blank

- überzählige Stellen links werden blank gesetzt.

Aw : Lesen: - es werden höchstens soviele Zeichen gelesen, wie in einer Variablen gespeichert werden können.
- die gelesenen Zeichen stehen rechts in den w Stellen des Pufferbereichs.
- die gelesenen Zeichen werden links in die Variable eingefüllt, ev. freibleibender Platz in der Variablen wird mit Blanks angefüllt.

Schreiben: - es werden höchstens soviele Zeichen geschrieben, wie in einer Variablen gespeichert werden können.
- die geschriebenen Zeichen werden rechts in die w Stellen eingefüllt.
- überzählige Stellen werden blank gesetzt.

- die Zeichen werden aus dem linken Teil der Variablen geschrieben (falls w < Anzahl der in der Variablen speicherbaren Zeichen).

Codes, die nicht mit der Übertragung von Variablen verbunden sind:

| Code | Bedeutung | Seite |
|---|---|---|
| nX | Lesen: überspringe n Stellen<br>Schreiben: fülle n Blanks in den Pufferbereich | 56<br>5Ø |
| nH | nur Schreiben: die nächsten n Zeichen der FORMAT-Anweisung sind Text und werden in den Pufferbereich übertragen. | 51 |
| / | gehe über zum nächsten Pufferbereich | 54,56 |
| m(codes) | Zusammenfassung (Schachtelung) von Codes mit fakultativem Wiederholungsfaktor | 71-75 |

n: obligatorischer Wiederholungsfaktor, ganze Zahl ohne Vorzeichen, > Ø

m: fakultativer Wiederholungsfaktor, ganze Zahl ohne Vorzeichen, > Ø

Auswertung der FORMAT-Anweisung:

- bis zum ersten Code zur Übertragung einer Variablen (A, E, F oder I), der nicht mehr benützt wird (vgl. S. 66f.).
- für ausgeschöpfte Formate (alle Codes der Anweisung sind benützt und es müssen noch mehr Variablen übertragen werden):
  ohne Schachtelung: vom Anfang der Anweisung an,
  mit Schachtelung: von der letzten Klammer an, die ein 2. Niveau in der Format-Anweisung einleitet.

(vgl. Seiten 69 und 74/75)

Pufferbereiche:

Die FORMAT-Anweisung steuert beim Lesen die Interpretation des Pufferbereichs, beim Schreiben die Art, wie er gefüllt wird. Jedem externen Speicher werden Pufferbereiche zugeordnet.

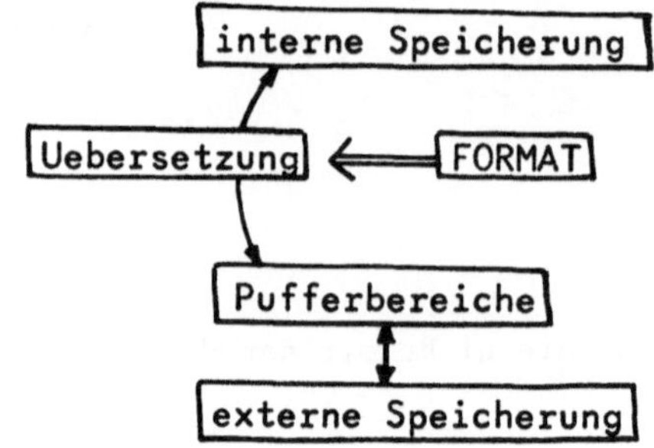


Die Pufferbereiche des Druckers weisen eine Besonderheit auf, indem ihr erstes Zeichen nicht gedruckt wird, sondern den Vorschub des Papiers steuert.

| | |
|---|---|
| blank | Sprung auf nächste Zeile |
| Ø | Sprung auf übernächste Zeile |
| 1 | Sprung auf neue Seite |
| Codes für Papiervorschub beim Drucker | |

## 2.3.8 Schreiben und Lesen mit Schreibmaschinen

Mehr als Anhang zum Abschnitt über Schreiben und Lesen fügen wir einige weitere Möglichkeiten an, die die Fortran-Sprache bietet, jedoch nicht bei allen Computern verwirklicht sind. Am besten erkundigen Sie sich in Ihrem Rechenzentrum, ob die folgenden Anweisungen gültig sind.

Sie können diesen und den folgenden Abschnitt (2.3.9) überspringen, ohne Wichtiges zu verpassen.

| | |
|---|---|
| TYPE f<br>TYPE f, liste | schreiben |
| ACCEPT f, liste | lesen |
| f: Nummer der FORMAT-Anweisung<br>liste: enthält die Namen der Variablen, die geschrieben oder gelesen werden: ihr Aufbau: siehe 2.3.3 | |

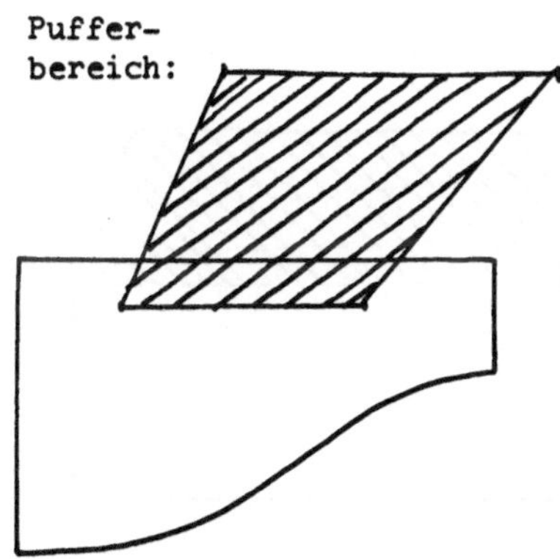


Jedem Pufferbereich ist genau eine Zeile der Schreibmaschine zugeordnet. Bei der Schreibmaschine kennt man keine Codes zur Steuerung des Papiervorschubs.
Jeder Schrägstrich in der FORMAT-Anweisung bewirkt einen Sprung auf die nächste Zeile und einen Wagenrücklauf.

### 2.3.9 Die PUNCH-Anweisung

Mit der PUNCH-Anweisung können Lochkarten gestanzt werden.

Wir empfehlen Ihnen, möglichst nur dann Lochkarten zu stanzen, wenn Sie den Computer selbst bedienen. In allen andern Fällen sollte das Kartenstanzen vermieden werden, da

- die Kartenstanzer langsam sind und Computerzeit sehr teuer;
- gestanzte Karten mühsam zu identifizieren sind (wem gehören sie? wer erwartet überhaupt gestanzte Karten?) und darum Umtriebe verursachen.

Viele Computer können ja heute Resultate magnetisch speichern und für eine weitere Verarbeitung bereithalten.

| PUNCH | f, liste |
|---|---|
| f: | Nummer der FORMAT-Anweisung |
| liste: | enthält die Variablen die gestanzt werden müssen (siehe 2.3.3) |

Jeder Pufferbereich darf höchstens 8Ø Zeichen umfassen, da die Lochkarten nicht mehr aufnehmen können. Der Inhalt des ganzen Pufferbereichs wird gestanzt.

Pufferbereich:

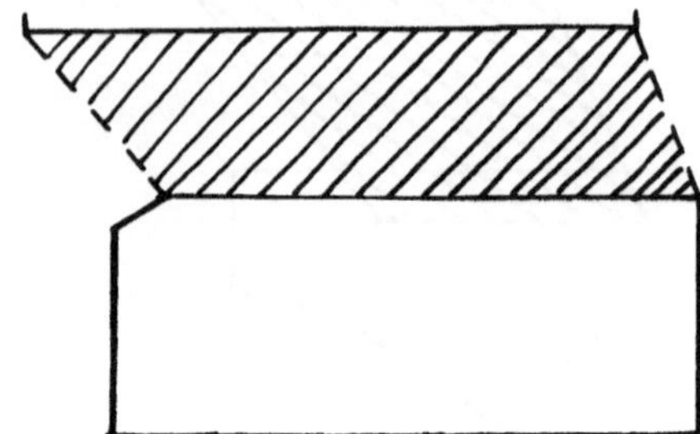

## 3. Zwei nicht-ausführbare Anweisungen

In diesem Kapitel stellen wir zwei Anweisungen vor, die dem Übersetzer bezeichnen, wie die Variablen und Felder im Hauptspeicher angeordnet werden sollen.

### 3.1 Platzreservation für Felder, DIMENSION

Für einfache Variablen reserviert der Übersetzer automatisch Platz im Hauptspeicher; für Felder kann er nur mit Angaben des Programmierers genügend Platz reservieren. Diese notwendigen Angaben stehen z.B. in einer DIMENSION-Anweisung, der Sie schon öfters begegnet sind. (Die Angaben können auch in gewissen andern Anweisungen enthalten sein: z.B. COMMON (siehe 5.7) ).

| DIMENSION name (zahlen), name (zahlen) ..... |
|---|
| name: Name des Feldes<br>zahlen: eine oder mehrere, voneinander durch Komma getrennte, ganze Zahlen ohne Vorzeichen ( $> \emptyset$) |

Die einzelnen Funktionen dieser Anweisung:

1) sie deklariert einen Namen als Namen eines Feldes.
2) sie zeigt, mit wievielen Indizes die Variablen des Feldes indiziert werden: die Anzahl der Indizes ist gleich der Anzahl der "zahlen" innerhalb der Klammer.
3) sie bezeichnet, wie groß jeder Index bei der Ausführung des Programms werden kann: nämlich nicht größer als die entsprechende "zahl" in der Klammer.
4) sie bewirkt, daß der Übersetzer im Hauptspeicher Platz für die Felder reserviert.

Bisher haben wir die Anweisung mit allen vier Funktionen verwendet. Es gibt jedoch Fälle, wo die letzten beiden Funktionen entfallen (siehe 5.8).

An einigen Beispielen zeigen wir die genaue Interpretation der DIMENSION-Anweisung:

```
DIMENSION  IZAEHL (2Ø)
```

- deklariert IZAEHL als Feldname.
- zeigt, daß das Feld IZAEHL einfach indiziert wird.
- zeigt, daß der Index einer Variablen des Feldes IZAEHL höchstens den Wert 2Ø annehmen kann. Gültige Werte für den Index sind also:
  1,2,..........,19,2Ø
- reserviert Platz für 2Ø Variablen des Feldes IZAEHL.

```
DIMENSION WERTE (1Ø,2ØØ)
```

- deklariert WERTE als Feldname.
- zeigt, daß das Feld WERTE zweifach indiziert wird,
- zeigt, daß der erste Index höchstens den Wert 1Ø und der zweite Index höchstens den Wert 2ØØ annimmt. Gültige Werte der Indizes sind also 1,2,........,1Ø für den ersten und 1,2,....,2ØØ für den zweiten.
- reserviert Platz für 1Ø · 2ØØ = 2ØØØ Variablen des Feldes WERTE.

| DIMENSION BEOB (5,15,5∅) |

- BEOB ist Feldname.
- BEOB ist dreifach indiziert.
- die Indizes betragen höchstens 5 bzw. 15 bzw. 5∅.
- Platzreservation für 5·15·5∅ = 375∅ Variablen des Feldes BEOB.

| DIMENSION IZAEHL (2∅), WERTE (1∅, 2∅∅), BEOB (5,15,5∅) |

faßt alle drei erwähnten Beispiele in einer Anweisung zusammen.

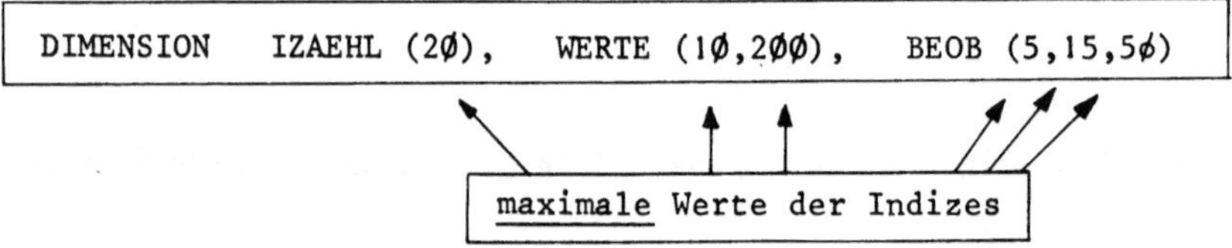


Im Anschluß an die dritte Funktion der DIMENSION-Anweisung sei noch auf einen häufigen Programmierfehler hingewiesen:

Oft werden ungültige Indizes für Variablen eines Feldes verwendet (z.B. IZAEHL (21) oder BEOB (7,1,3)). Nicht alle Fortran-Systeme sind so gut ausgerüstet, daß sie solche Fehler melden; vielmehr rechnen sie so, als ob kein Fehler passiert wäre: sie benützen Speicherplätze für andere als vorgesehene Resultate Gewiß sehen Sie ein, daß in solchen Fällen keine vernünftigen Resultate erwartet werden können.

Nehmen Sie die Verantwortung des Programmierers ernst: ER muß dafür sorgen, daß nur gültige Indizes verwendet werden. Wenn z.B. Indizes nicht nur programmintern, sondern auch aus Daten berechnet werden, dann prüfen Sie, ob die berechneten Indizes gültig sind (vgl. das Beispiel auf Seite 7∅).

## 3.2 Speicherplatz sparen EQUIVALENCE

Der Platz im Hauptspeicher ist beschränkt. Viele Programme benötigen eigentlich mehr Platz als verfügbar. Darum sind Maßnahmen gegen den Platzmangel ergriffen worden.

Wir zeigen hier ein Mittel, das bereits frühe Versionen von Fortran enthält. Anfänger können diesen Abschnitt ohne Schaden überspringen.

Das Mittel, das die Fortran-Sprache gegen den Mangel von Speicherplatz bietet, besteht darin, daß mehrere Variablen auf den gleichen Speicherplatz zeigen.

A B C

Haupt-
speicher

normal

A B C

Speicherplatz sparen

Die EQUIVALENCE-Anweisung wird für diesen Zweck benützt:in ihr werden Variablen bezüglich des belegten Speicherplatzes als "äquivalent" erklärt. Ihre Form ist:

| EQUIVALENCE (a, b, ...), (d, e, ...) ... |
|---|
| a,b,d,e: einfache oder indizierte Variablen |

Alle in einer Klammer genannten Variablen erhalten den gleichen Speicherplatz zugewiesen.

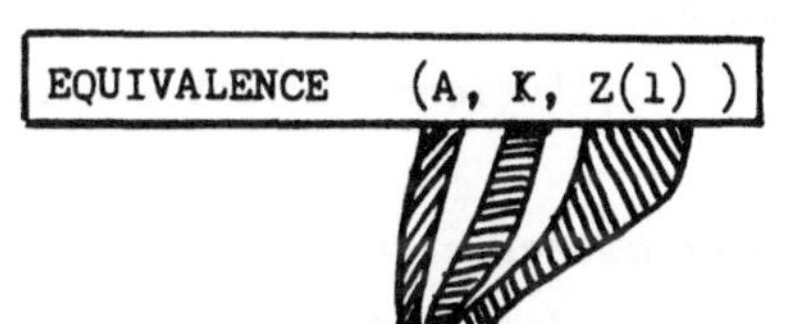


Hauptspeicher

Die Variablen A, K und Z(1) erhalten den gleichen Speicherplatz zugewiesen: ihr zugehöriger Speicherplatz trägt drei verschiedene Namen: A, K und Z(1).

```
DIMENSION     WERTE  (1Ø, 2ØØ),  BEOB (5, 15, 5Ø)
EQUIVALENCE    (WERTE (1,1),     BEOB (1, 1, 1) )
```

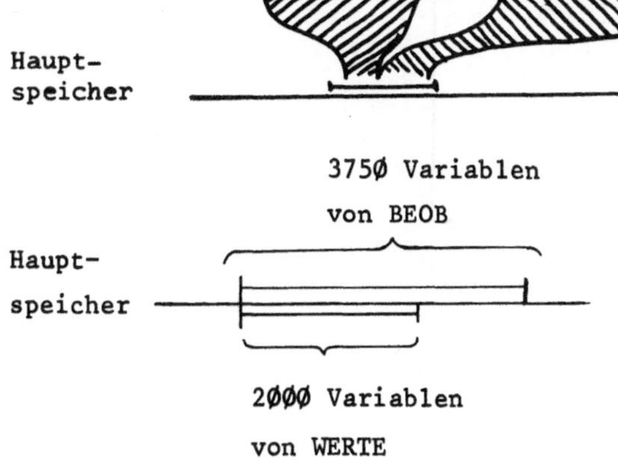


In diesem Beispiel zeigt die DIMENSION-Anweisung, daß das Feld WERTE 2ØØØ Variablen enthält und das Feld BEOB 375Ø. Die EQUIVALENCE-Anweisung bestimmt, daß die ersten Variablen beider Felder den gleichen

Speicherplatz teilen. Damit ist auch festgelegt, daß die ganzen Felder, nicht nur ihre ersten Variablen, gleiche Speicherplätze belegen. Ohne EQUIVALENCE hätten wir Platz für 2ØØØ + 375Ø Variablen benötigt, um beide Felder speichern zu können. Mit EQUIVALENCE benötigen wir nur noch Platz für 375Ø Variablen. Wir haben Platz für 2ØØØ Variablen gespart!

Die Ersparnis ist nicht gratis. Wir bezahlen mit folgender "Unannehmlichkeit": wenn wir einer Variablen von WERTE einen neuen Wert zuweisen, erhält denselben Wert auch die Variable des Feldes BEOB zugewiesen, die denselben Speicherplatz belegt; dasselbe gilt in umgekehrter Richtung.

```
          WERTE (1,1)    = neuer Wert
                         ——→ BEOB (1,1,1) = neuer Wert
          WERTE (2,1)    = neuer Wert
                         ——→ BEOB (2,1,1) = neuer Wert
analog:   BEOB (1,1,1)   = neuer Wert
                         ——→ WERTE (1,1) = neuer Wert
```

Regeln über EQUIVALENCE

- Wenn zwei indizierte Variablen den gleichen Speicherplatz teilen, ist die gegenseitige Lage der ganzen Felder festgelegt.
  Die gleichen Felder dürfen nicht nochmals als äquivalent erklärt werden.

- Die Identität des Speicherplatzes zweier oder mehrerer Variablen muß in der Programmlogik berücksichtigt werden: wenn der Inhalt einer Variablen verändert wird, werden auch die Inhalte aller andern Variablen, die den gleichen Speicherplatz belegen, verändert.

Beispiel:

```
 EQUIVALENCE     (A, B, C)

1     A =   5.Ø
2     B =  1Ø.Ø
3     C = -2Ø.3
4  PRINT 5, A
5  FORMAT (1X, F1Ø.5)
```

Welcher Wert wird gedruckt?

A, B und C teilen den gleichen Speicherplatz. Anweisung 1 weist A den Wert 5.∅ zu; damit erhalten auch B und C den Wert 5.∅ zugewiesen. Anweisung 2 setzt B = 1∅.∅; damit werden auch A und C verändert: auch sie erhalten den Wert 1∅.∅. Wenn Sie die gleiche Überlegung zur Anweisung 3 anstellen, finden Sie, daß der Wert -2∅.3 gedruckt wird.

- Mit EQUIVALENCE können Sie den Hauptspeicher auf fast akrobatische Weise disponieren. Sie müssen sich aber zuvor genau informieren, wie der Übersetzer die einzelnen Variablen und die Felder speichert. Diese Information finden Sie in den Handbüchern in Ihrem Rechenzentrum.

- Besondere Vorsicht ist geboten, wenn reelle und ganze Variablen den gleichen Speicherplatz belegen sollen. Denn in mehreren Computern benötigen ganze Variablen weniger Speicherplatz als reelle, und in allen Computern werden reelle Zahlen ganz anders dargestellt als ganze.

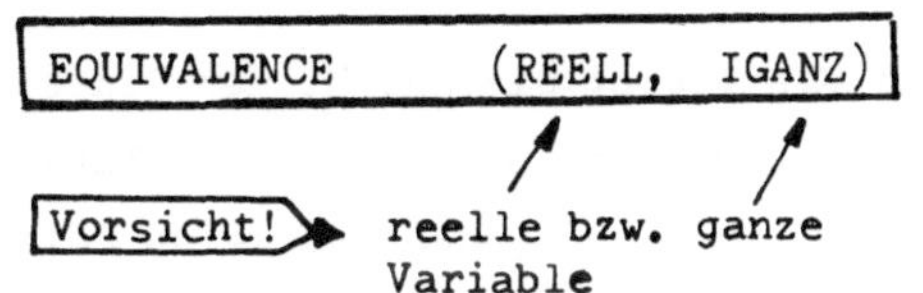


## 4. Beispiele vollständiger Programme

Zwei Beispiele haben wir bereits ausführlich behandelt: das erste steht in der Einleitung (Seiten 2-4) und ist nach und nach erklärt worden; das zweite ist im Abschnitt 2.3.5 (S. 61f) erklärt.

Die Beispiele dieses Kapitels haben folgende Themen:

4.1 Berechnung einer Zinstabelle

4.2 Statistik über Saläre

4.3 Berechnung von Mittelwert und Streuung

4.4 Berechnung eines Polynoms

4.5 } Anwendung von Näherungsverfahren zur Berechnung der dritten Wurzel
4.6. } bzw. der Exponentialfunktion.

## 4.1. Berechnung einer Zinstabelle

Aufgabe:

Berechnen und drucken Sie die Endkapitalien nach 1, 2, 3 ..., N Jahren eines anfangs investierten Kapitals bei verschiedenen Zinssätzen: 2,2.25,2.5,2.75, ....,5.5%. Das Anfangskapital und die Dauer, wofür die Tabelle berechnet werden soll (max. 1ØØ Jahre), sollen von Fall zu Fall eingelesen werden können.

Die am Ende eines Jahres anfallenden Zinsen werden zum Kapital geschlagen (Berechnung mit Zinseszinzen). Eine Zeile des Druckers enthält 132 Zeichenpositionen

Analyse:

- 15 Zinssätze sollen berücksichtigt werden. Sie eignen sich sehr gut zur Speicherung in einem Feld, das wir ZINS nennen wollen.
- Zu jedem Zinssatz gehört natürlich ein eigenes Endkapital. Wir benötigen also 15 Kapitalien, die wir auch in einem Feld namens SKAP speichern wollen. Zu SKAP(IND) gehört der Zinsfuß ZINS(IND).
- In der Gestalt der Lochkarte, die das Anfangskapital und die Anzahl der Jahre enthält, sind wir frei. Die Anzahl der Jahre muß dreistellig sein dürfen.
- Die Darstellung der Resultate: die Anzahl der Zinssätze ist fest, jene der Jahre variabel. Wir arrangieren die berechnete Tabelle so, daß jedem Zinsfuß eine Kolonne entspricht und jedem Jahr eine Zeile. Wir müssen die 132 Positionen des Druckers aufteilen: wir wollen jeder Zeile das Jahr voranstellen und anschließend die 15 Kolonnen drucken. Für das Jahr benötigen wir 3 Stellen; für die 15 Kolonnen bleiben 129 Positionen übrig: für jede Kolonne also 8 Stellen (inkl. Dezimalpunkt).
- Wir können jetzt festlegen, wie wir das Anfangskapital lesen wollen: mehr als 7 Dezimalstellen sind sinnlos, und wenn wir sogar für Abstand zwischen den Kolonnen sorgen wollen (1 Position), dann bescheiden wir uns auf 6 Dezimalstellen.
- Wir legen fest, daß die zu lesenden Lochkarten in den Kol. 1 ... 3 die Anzahl der Jahre und in den Kol. 6 ... 11 das Grundkapital im Format F6.Ø enthält.
- Selbstverständlich schreiben wir noch einen schönen Titel. Zudem wollen wir die Kopfspalte mit den Jahren von den übrigen Spalten etwas weiter abrücken. Wir werden noch Leerstellen einfügen.

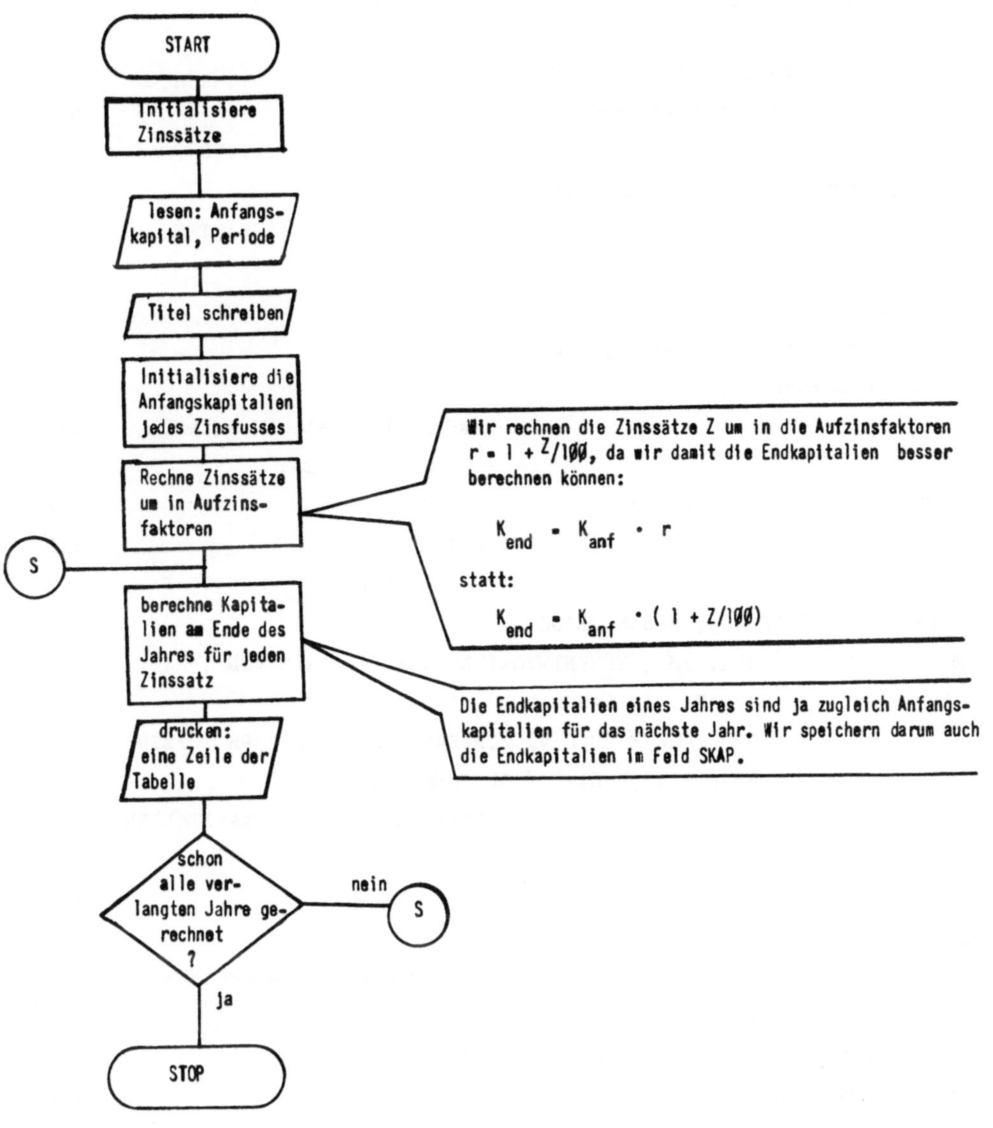
START
Initialisiere Zinssätze
lesen: Anfangskapital, Periode
Titel schreiben
Initialisiere die Anfangskapitalien jedes Zinsfusses
Rechne Zinssätze um in Aufzinsfaktoren
S
berechne Kapitalien am Ende des Jahres für jeden Zinssatz
drucken: eine Zeile der Tabelle
schon alle verlangten Jahre gerechnet ?
nein
S
ja
STOP
Wir rechnen die Zinssätze Z um in die Aufzinsfaktoren r = 1 + Z/1ØØ, da wir damit die Endkapitalien besser berechnen können:
K_end = K_anf · r
statt:
K_end = K_anf · ( 1 + Z/1ØØ)
Die Endkapitalien eines Jahres sind ja zugleich Anfangskapitalien für das nächste Jahr. Wir speichern darum auch die Endkapitalien im Feld SKAP.

Das Programm in Fortran

```
C             PROGRAMM FUER EINE ZINSESZINSTABELLE
C             ************************************
C                                           DEKLARATION DER FELDER
      DIMENSION  ZINS (15), SKAP (15)
C                                           INITIALISIERE ZINSSAETZE
      ZINS (1) = 2.0
      DO 10  I = 1, 14
          ZINS (I+1) = ZINS (I) + 0.25
   10     CONTINUE
C                                           ANFANGSKAPITAL UND ANZAHL
C                                           DER JAHRE LESEN:
      READ 15, JAHRE, SKAP (1)
   15               FORMAT ( I3, 2X, F6.0 )
C                                           TITEL SCHREIBEN:
      PRINT 20, SKAP (1), JAHRE, ZINS
   20     FORMAT ( 1H1, 20X, 28HENTWICKLUNG DES KAPITALS VON , F10.2,
     1             17H FR. IM LAUFE VON , I3,
     2             27H JAHREN ZU DIV. ZINSSAETZEN / 1H0 / 9H    ZINS:,
     3             15 ( F7.2, 1H% ) / 5H JAHR / 1H0 )
C                                           INITIALISIERE DIE KAPITALIEN
      DO 30  I = 1, 14
          SKAP ( I+1 ) = SKAP ( I )
   30     CONTINUE
C                                           AUFZINSFAKTOREN BERECHNEN:
      DO 40  I = 1, 15
          ZINS (I) =  1.0 +  ZINS (I) / 100.
   40     CONTINUE
C
C                                           TABELLE JAHRWEISE BERECHNEN
C                                           UND DRUCKEN:
      DO 60  J = 1, JAHRE
          DO 50  I = 1, 15
              SKAP (I)  =  SKAP (I) * ZINS (I)
   50         CONTINUE
          PRINT 55, J, SKAP
   55             FORMAT ( 1X, I3, 5X, 15F8.2 )
   60     CONTINUE
C                                           ENDE DES PROGRAMMS:
      STOP
                  E N D
```

Das gleiche Programm kann auch ohne Leerstellen und ohne Kommentar geschrieben werden. Wir zeigen das folgende Programm nicht als Muster, sondern als abschreckendes Beispiel. Wir haben auch keinen Wert auf die Wahl eines suggestiven Namens gelegt. Urteilen Sie selber, welche Darstellung des Programms besse ist und ob es sich lohnt, der Namengebung, der graphischen Darstellung und den Kommentaren Gewicht beizumessen!

```
CZINSESZINSTABELLE
      DIMENSIONZ(15),G(15)
      Z(1)=2.Ø
      DO1ØI=1,14
   1Ø Z(I+1)=Z(I)+.25
      READ15,J,G(1)
   15 FORMAT(I3,2X,F6.Ø)
      PRINT2Ø,G(1),J,Z
   2Ø FORMAT(1H1,2ØX,28HENTWICKLUNG DES KAPITALS VON,F1Ø.2,
     116HFR. IM LAUFE VON,I3,27H JAHREN ZU DIV. ZINSSAETZEN/1HØ/
     29H    ZINS:,15(F7.2,1H%)/5H JAHR/1HØ)
      DO3ØI=1,14
      G(I+1)=G(I)
   3Ø CONTINUE
      DO4ØI=1,15
      Z(I)=1.+Z(I)/1ØØ.
   4Ø CONTINUE
      DO6ØK=1,J
      DO5ØI=1,15
      G(I)=G(I)*Z(I)
   5Ø CONTINUE
      PRINT55,K,G
   55 FORMAT(1X,I3,5X,15F8.2)
   6Ø CONTINUE
      STOP
      END
```

## 4.2. Salärstatistik

Aufgabe:

In einem Betrieb besteht eine Kartei über Lohnempfänger. Für jeden Lohnempfänger ist eine Lochkarte mit folgenden Angaben erstellt worden:

| | |
|---|---|
| Kol. 1 - 3Ø | Name |
| Kol. 31 | Geschlecht 1 = männlich, 2 = weiblich |
| Kol. 32 - 33 | Jahrgang (nur die letzten zwei Stellen) |
| Kol. 34 | 1: Empfänger von Stundenlohn<br>2: Empfänger von Monatssalär |
| Kol. 35 - 41 | Stundenlohn bzw. Monatssalär |
| Kol. 42 - 8Ø | übrige Angaben über Eintritt in den Betrieb, Kostenstelle, Unfallversicherung, etc. |

Erstellen Sie eine Statistik über die Monatssaläre, die die Durchschnittssaläre der Altersgruppen bis 2Ø, 21 - 25, 26 - 3Ø, ..., 71 - 75, 76 - 8Ø, über 8Ø ausweist und angibt, wieviele Salärempfänger in der jeweiligen Altersgruppe enthalten sind. Die Resultate sollen in übersichtlicher Weise dargestellt werden.

Analyse:

Wir überlegen uns, wie die Daten, mit denen wir rechnen, strukturiert sind. Bezüglich der Einteilung der Lochkarte gibt es nichts zu bemerken. Wir wissen, wo die uns interessierenden Daten in den Lochkarten stehen. Wir müssen einige Altersgruppen bilden, je die Angehörigen zählen und das Durchschnittssalär berechnen. Sowohl für die Zähler als auch für die Saläre eignen sich Felder. Wir wollen sie IZAEHL bzw. SALAER nennen.

Wie stellen wir fest, zu welcher Altersklasse ein Salärempfänger gehört? Am besten, indem wir die Grenzen der Altersgruppen in einem Feld namens JALTER speichern. Nun müssen wir nur noch die Umrechnung des Jahrgangs in das Alter oder umgekehrt, die Umrechnung des Alters in den Jahrgang vornehmen (vgl. Blockdiagramm und Programm auf den folgenden Seiten).

Noch ein Punkt bleibt zu klären: wir müssen dem Computer mitteilen, wenn er alle Lochkarten verarbeitet hat. Wie im Beispiel des Abschnittes 2.3.5 wollen wir auch hier eine letzte Karte definieren: z.B. soll sie in den Kolonnen des Jahrgangs eine negative Zahl enthalten (es hat ja niemand einen negativen Jahrgang.

Die Tabelle enthalte je eine Kolonne mit dem Alter, der Anzahl der Salärempfänger und dem Durchschnittssalär.

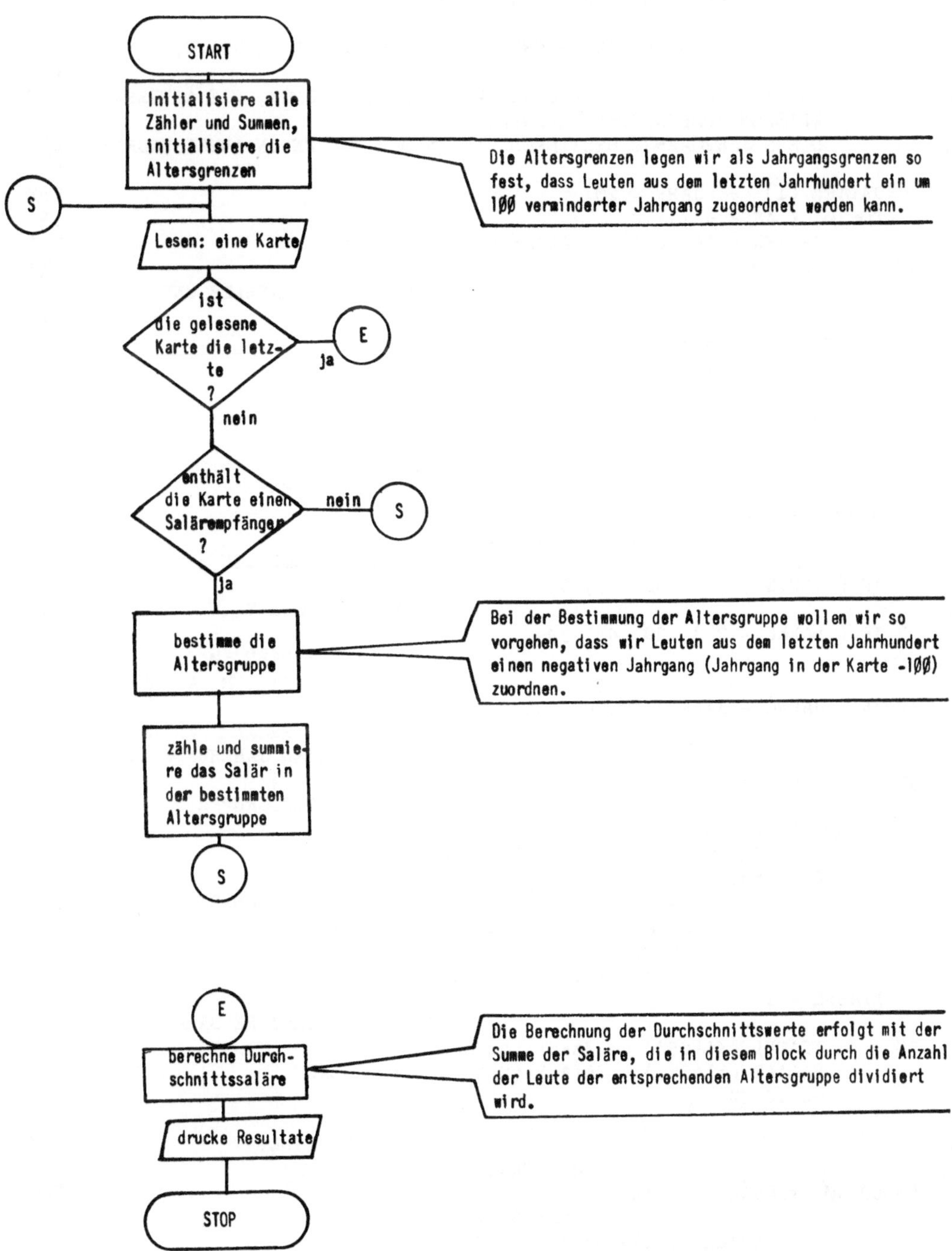

Das Programm in Fortran:

```
C     PROGRAMM FUER EINE STATISTIK UEBER SALAEREMPFAENGER
C     ****************************************************
C                                              DEKLARATION DER FELDER
      DIMENSION  IZAEHL(14), SALAER(14), JALTER(13)
C
C          DIE FOLGENDE ANWEISUNG ENTHAELT DEN HEUTIGEN JAHRGANG.
      JAHR = 71
C          VON IHM AUSGEHEND BERECHNEN WIR DIE JAHRGAENGE, DIE ALTERS-
C          KLASSEN VONEINANDER TRENNEN.
C          DIESE JAHRGAENGE BESTIMMEN WIR IN DEN FOLGENDEN ANWEISUNGEN:
C
      JALTER (1)  =  JAHR - 20
      DO 10  KLASSE = 1, 12
           JALTER (KLASSE+1) = JALTER (KLASSE)  - 5
   10      CONTINUE
C                                              INITIALISIERE ZAEHLER UND
C                                              SUMMEN:
      DO 20  KLASSE = 1, 14
           IZAEHL (KLASSE) = 0
           SALAER (KLASSE) = 0.0
   20      CONTINUE
C
C                           VERARBEITUNG DER DATEN:
C                                              EINE KARTE LESEN:
   30 READ 35, JAHRG, MARKE, SALAR
   35                 FORMAT ( 31X, I2, I1, F7.2 )
C                                              LETZTE KARTE GELESEN ?
      IF ( JAHRG )        80, 37, 37
C                                              SALAEREMPFAENGER ?
   37 IF ( MARKE - 2 )  30, 40, 30
C                                              FUER SALAEREMPFAENGER:
C                                              STAMMT ER AUS DIESEM JAHRHUNDERT?
   40 IF ( JAHRG - JAHR ) 50, 45, 45
C                                              AENDERE DEN JAHRGANG DER LEUTE
C                                              AUS DEM LETZTEN JAHRHUNDERT:
   45      JAHRG = JAHRG - 100
C                                              SUCHE DIE ALTERSGRUPPE
   50 DO 60  KLASSE = 1, 13
           IF ( JAHRG - JALTER(KLASSE) ) 60, 70, 70
   60      CONTINUE
C                   WENN DIE SCHLEIFE NICHT DURCH DIE IF-ANWEISUNG
C                   VERLASSEN WORDEN IST, MUESSEN WIR AN DIESER
C                   STELLE ANGEBEN, DASS DER SALAEREMPFAENGER ZUR
C                   14. ALTERSKLASSE GEHOERT.
      KLASSE = 14
C                                              ZAEHLE UND SUMMIERE SALAER:
   70      IZAEHL (KLASSE) = IZAEHL (KLASSE)  +  1
           SALAER (KLASSE) = SALAER (KLASSE)  +  SALAR
           GO TO 30
C
C                                              ABSCHLUSSROUTINE:
C                                    BERECHNE DIE MITTELWERTE:
   80 DO 90  KLASSE = 1, 14
C                                    UMGEHE DIVISIONEN DURCH 0:
           IF ( IZAEHL (KLASSE) ) 90, 90, 85
   85           SALAER (KLASSE) = SALAER (KLASSE)  /  IZAEHL (KLASSE)
   90      CONTINUE
C                                    DRUCKE DIE TABELLE DER RESULTATE:
```

```
58Ø       PRINT 1ØØ, JAHR
59Ø  1ØØ       FORMAT ( 1H1, 12X, 18HSALAERSTATISTIK 19 , I2 / 1HØ /
6ØØ    1                 8HØ ALTER , 1ØX, 6HANZAHL,4X, 18HDURCHSCHNITTLICHES/
61Ø    2                 15X, 11HANGESTELLTE , 8X, 6HSALAER / 1HØ  )
62Ø C
63Ø       PRINT 1Ø5,  IZAEHL(1), SALAER(1)
64Ø  1Ø5       FORMAT ( 1ØHØ UNTER 2Ø , I13, F18.2 )
65Ø       DO 12Ø  KLASSE = 2, 13
66Ø            JAHR1 =  5 * KLASSE + 11
67Ø            JAHR2 =  JAHR1 + 4
68Ø            PRINT 11Ø, JAHR1, JAHR2, IZAEHL(KLASSE), SALAER(KLASSE)
69Ø  11Ø            FORMAT ( 1HØ, I4, 2H - , I3, I13, F18.2 )
7ØØ  12Ø       CONTINUE
71Ø       PRINT 13Ø,  IZAEHL(14), SALAER(14)
72Ø  13Ø       FORMAT ( 1ØHØ UEBER 8Ø , I13, F18.2 )
73Ø       S T O P
74Ø                                      E  N  D
```

Bemerkungen und Fragen zum Beispiel:

- In der Zeile 3ØØ werden Säuglinge als Salärempfänger ausgeschlossen, aber Greise von 1ØØ Lenzen zugelassen.

- Wenn Mixed-Mode-Ausdrücke verboten sind, müssen Sie die Anweisung der Zeile 55Ø abändern; zum Beispiel folgendermaßen:

```
ZAEHL  =  IZAEHL  (KLASSE)
SALAER (KLASSE)  =  SALAER (KLASSE) / ZAEHL
```

- Das Feld SALAER enthält zuerst die Summe der Saläre der Altersgruppen. Erst in den Zeilen 52Ø bis 56Ø werden die Summen in Mittelwerte umgerechnet.

- Bei fast allen DO-Schleifen des Programms kann die CONTINUE-Anweisung mit der unmittelbar davorstehenden ausführbaren Anweisung verbunden werden (Zeilen 1ØØ ... 12Ø, 15Ø ... 18Ø, 65Ø ... 7ØØ). Aber in den übrigen Schleifen ist die CONTINUE-Anweisung notwendig wegen einer IF-Anweisung in der Schleife (Zeilen 36Ø, 37Ø; 54Ø, 56Ø).

- Haben Sie schon herausgefunden, wie Titel und Tabellenkopf gedruckt werden? Und die einzelnen Zeilen der Tabelle?

- Was bedeuten die Variablen JAHR1 und JAHR2 in den Zeilen 66Ø ... 68Ø?

## 4.3 Berechnung von Mittelwert und Streuung

Aufgabe:

Das eben behandelte Beispiel ist so zu erweitern, daß die Streuungen des Salärs in jeder Altersgruppe, die Streuung aller Saläre und Mittelwert aller Saläre berechnet und gedruckt werden.

Analyse:

Wie man Mittelwerte berechnet, haben wir bereits gesehen. Die Formel für die Streuung s lautet:

$$S = \sqrt{\frac{\sum_{i=1}^{n} (x_i - \bar{x})^2}{n-1}}$$

$x_i$: einzelner gemessener Wert
n : Anzahl gemessener Werte
$\bar{x}$ : Mittelwert

$$\bar{x} = \frac{1}{n} \cdot \sum_{i=1}^{n} x_i$$

Allerdings eignet sich diese Formel nicht so gut für die Datenverarbeitung, da sie zwei Arbeitsgänge vorsieht: zuerst muß man den Mittelwert berechnen, damit man die Differenz $x_i - \bar{x}$ berechnen kann. Die Formel kann algebraisch umgeformt werden:

$$\sum_{i=1}^{n} (x_i - \bar{x})^2 = \sum_{i=1}^{n} x_i^2 - 2 \sum_{i=1}^{n} x_i\bar{x} + n\bar{x}^2$$

$$= \sum_{i=1}^{n} x_i^2 - 2\, n\bar{x} \cdot \bar{x} + n\bar{x}^2$$

$$= \sum_{i=1}^{n} x_i^2 - n\bar{x}^2$$

Wir erhalten also:

$$S = \sqrt{\frac{\sum_{i=1}^{n} x_i^2 - n\bar{x}^2}{n-1}}$$

Mit dieser Formel können wir die Streuung berechnen, ohne die Daten nochmals lesen zu müssen. Wir brauchen bloß die Quadrate der Messwerte zu summieren.

Inwiefern muß das Programm des letzten Beispiels abgeändert werden?

Wir benötigen ein Feld STREU mit 14 Variablen für die Altersgruppen: darin summieren wir die Quadrate der Saläre und berechnen am Schluß die Streuungen in den Altersklassen.

Wir benötigen einen Zähler für alle behandelten Saläre, ebenso eine Variable für die Mittelwerte bzw. zuerst die Summe aller Saläre und eine Variable, um die Streuung aller Saläre zu berechnen. Diese drei Variablen werden wir erst dann berechnen, wenn alle Daten gelesen sind.

| Der Block: | berechne Durchschnittssalär |
|---|---|
| wird ausgebaut: | berechne Summe aller Saläre, ihre totale Anzahl, die Summe der Quadrate aller Saläre; berechne daraus Gesamt-Mittelwert und -Streuung; berechne Durchschnittssaläre und Streuungen in den Altersgruppen |

Auf den folgenden Seiten steht das Fortran-Programm für die ganze erweiterte Aufgabe. Zeilen, die gegenüber dem letzten Beispiel verändert oder neu eingefügt wurden, sind in den Kolonnen 76 und 77 mit Sternchen bezeichnet.

In den Zeilen 557/558 und 568/569 des neuen Programms verwenden wir etwas, das erst im nächsten Kapitel besprochen wird, den Ausdruck:

SQRT (a) a: ein reeller Ausdruck

berechnet die Quadratwurzel des Ausdrucks a (SQRT steht als Abkürzung von SQare RooT : engl. Quadratwurzel). Wir berechnen in diesen Zeilen Streuungen gemäß der in der Analyse angegebenen Formel.

```
C     PROGRAMM FUER EINE STATISTIK UEBER SALAEREMPFAENGER
C     ***************************************************
C                                       DEKLARATION DER FELDER
      DIMENSION  IZAEHL(14), SALAER(14), JALTER(13)
      DIMENSION  STREU(14)
C
C         DIE FOLGENDE ANWEISUNG ENTHAELT DEN HEUTIGEN JAHRGANG.
      JAHR = 71
C         VON IHM AUSGEHEND BERECHNEN WIR DIE JAHRGAENGE, DIE ALTERS-
C         KLASSEN VONEINANDER TRENNEN.
C         DIESE JAHRGAENGE BESTIMMEN WIR IN DEN FOLGENDEN ANWEISUNGEN:
C
      JALTER (1)  =  JAHR - 20
      DO 10  KLASSE = 1, 12
          JALTER (KLASSE+1) = JALTER (KLASSE)  - 5
   10     CONTINUE
C                                       INITIALISIERE ZAEHLER UND
C                                       SUMMEN:
      DO 20  KLASSE = 1, 14
          IZAEHL (KLASSE) = 0
          SALAER (KLASSE) = 0.0
          STREU  (KLASSE) = 0.0
   20     CONTINUE
C
C                          VERARBEITUNG DER DATEN:
C                                       EINE KARTE LESEN:
   30 READ 35, JAHRG, MARKE, SALAR
   35                FORMAT ( 31X, I2, I1, F7.2 )
C                                       LETZTE KARTE GELESEN ?
      IF ( JAHRG )        80, 37, 37
C                                       SALAEREMPFAENGER ?
   37 IF ( MARKE - 2 )  30, 40, 30
C                                       FUER SALAEREMPFAENGER:
C                                       STAMMT ER AUS DIESEM JAHRHUNDERT?
   40 IF ( JAHRG - JAHR ) 50, 45, 45
C                                       AENDERE DEN JAHRGANG DER LEUTE
C                                       AUS DEM LETZTEN JAHRHUNDERT:
   45     JAHRG = JAHRG - 100
C                                       SUCHE DIE ALTERSGRUPPE
   50 DO 60  KLASSE = 1, 13
          IF ( JAHRG - JALTER(KLASSE) ) 60, 70, 70
   60     CONTINUE
C                   WENN DIE SCHLEIFE NICHT DURCH DIE IF-ANWEISUNG
C                   VERLASSEN WORDEN IST, MUESSEN WIR AN DIESER
C                   STELLE ANGEBEN, DASS DER SALAEREMPFAENGER ZUR
C                   14. ALTERSKLASSE GEHOERT.
      KLASSE = 14
C                                       ZAEHLE UND SUMMIERE SALAER
   70     IZAEHL (KLASSE) = IZAEHL (KLASSE)  +  1
          SALAER (KLASSE) = SALAER (KLASSE)  +  SALAR
          STREU  (KLASSE) = STREU  (KLASSE)  +  SALAR * SALAR
          GO TO 30
C
C                                       ABSCHLUSSROUTINE:
C                             INITIALISIERE TOTALE ZAEHLER UND SUMMEN
   80 NTOTAL = 0
      SALAR  = 0.0
      STREUG = 0.0
```

```
C                                       BERECHNE DIE TOTALEN SUMMEN, DIE MITTEL-  **5Ø9
C                                       WERTE UND STREUUNGEN DER KLASSEN:         **51Ø
      DO 9Ø  KLASSE = 1, 14                                                       **52Ø
           SALAR  = SALAR  + SALAER (KLASSE)                                      **522
           STREUG = STREUG + STREU  (KLASSE)                                      **524
           NTOTAL = NTOTAL + IZAEHL (KLASSE)                                      **526
C                                       UMGEHE DIVISIONEN DURCH Ø:                  53Ø
           IF ( IZAEHL (KLASSE) - 1 ) 82, 82, 85                                  **54Ø
C                                       IN KLASSEN, DIE HOECHSTENS EINEN SALAER-  **542
C                                       EMPFAENGER ENTHALTEN, SETZE DIE STREUUNG  **543
C                                       NULL:                                     **544
   82                 STREU (KLASSE) = Ø.Ø                                        **545
                      GO TO 9Ø                                                    **547
C                                                                                 **548
C                                       DA DIE VARIABLE IZAEHL(KLASSE) IM FOLGEN-**55Ø
C                                       DEN OFT IN REELLEN AUSDRUECKEN BENUETZT   **551
C                                       WIRD, WANDELN WIR SIE IN DER NAECHSTEN    **552
C                                       ANWEISUNG UM; WIR UMGEHEN SO AUCH DIE     **553
C                                       MIXED-MODE-AUSDRUECKE.                    **554
   85                                   ZAEHL = IZAEHL (KLASSE)                   **555
                SALAER (KLASSE) = SALAER (KLASSE) / ZAEHL                         **556
                STREU  (KLASSE) =                                                 **557
     1                SQRT( ( STREU(KLASSE) - ZAEHL * SALAER(KLASSE)**2 )**558
     2                      /   (  ZAEHL - 1.Ø  )      )                          **559
   9Ø      CONTINUE                                                                 56Ø
C                                       BERECHNE DEN TOTALEN MITTELWERT UND DIE   **561
C                                       TOTALE STREUUNG:                          **562
                      TOTAL = NTOTAL                                              **564
C                                       VERHUETE DIVISION DURCH Ø:                **565
      IF ( TOTAL - 1.Ø ) 98, 98, 95                                               **566
   95 SALAR  = SALAR  / TOTAL                                                     **567
      STREUG = SQRT ( ( STREUG - TOTAL * SALAR ** 2 )                             **568
     1                / ( TOTAL - 1.Ø )  )                                        **569
C                                       DRUCKE DIE TABELLE DER RESULTATE:           57Ø
   98 PRINT 1ØØ, JAHR                                                             **58Ø
  1ØØ      FORMAT ( 1H1, 12X, 18HSALAERSTATISTIK 19 , I2 / 1HØ /                    59Ø
     1              8HØ ALTER , 1ØX, 6HANZAHL,4X, 18HDURCHSCHNITTLICHES,**6ØØ
     2              3X, 8HSTREUUNG /                                              **6Ø5
     3              15X, 11HANGESTELLTE , 8X, 6HSALAER / 1HØ )                    **61Ø
C                                                                                   62Ø
      PRINT 1Ø5,  IZAEHL(1), SALAER(1), STREU(1)                                  **63Ø
  1Ø5      FORMAT ( 1ØHØ UNTER 2Ø , I13, F18.2, F16.2 )                           **64Ø
      DO 12Ø  KLASSE = 2, 13                                                        65Ø
           JAHR1 =  5 * KLASSE + 11                                                 66Ø
           JAHR2 =  JAHR1 + 4                                                       67Ø
           PRINT 11Ø, JAHR1, JAHR2, IZAEHL(KLASSE), SALAER(KLASSE),               **68Ø
     1                          STREU(KLASSE)                                     **685
  11Ø           FORMAT ( 1HØ, I4, 2H - , I3, I13, F18.2, F16.2 )                  **69Ø
  12Ø      CONTINUE                                                                 7ØØ
      PRINT 13Ø,  IZAEHL(14), SALAER(14), STREU(14)                               **71Ø
  13Ø      FORMAT ( 1ØHØ UEBER 8Ø , I13, F18.2, F16.2 )                           **72Ø
      PRINT 14Ø,  NTOTAL, SALAR, STREUG                                           **723
  14Ø      FORMAT ( 1HØ, 56(1H-) /                                                **725
     1              8HØ  TOTAL , I15, F18.2, F16.2 )                              **727
      S T O P                                                                       73Ø
                                        E  N  D                                     74Ø
```

Anmerkung: Im Gegensatz zum Beispiel des Abschnitts 4.2 enthält dieses Beispiel keine Mixed-Mode-Ausdrücke. Auf diese Art wird jede ganze Zahl, die in einem reellen Ausdruck verwendet werden muß, nur einmal in eine reelle Zahl umgewandelt (siehe Zeilen 555 und 564).

## 4.4 Berechnung eines Polynoms

Aufgabe:

Schreiben Sie ein Programm, das die Werte eines Polynoms für verschiedene Werte des Arguments berechnet. Das Polynom ist charakterisiert durch die Koeffizienten, die von Datenkarten gelesen werden. Anschließend an die Karten mit den Koeffizienten folgen Karten mit je einem Wert des Arguments.

Die Polynome haben die Form:

$$P = a_1 x^9 + a_2 x^8 + a_3 x^7 + a_4 x^6 + a_5 x^5 + \ldots + a_9 x + a_{1\emptyset}$$

Die Formate der Eingabedaten sind:

2 Lochkarten mit je 5 Koeffizienten im Format E16.8
in der Reihenfolge $a_1$, $a_2$, ... $a_{1\emptyset}$;

Lochkarten mit je einem Wert x in den Kolonnen
2 - 2Ø mit Exponent, übrige Kolonnen leer; die
letzte Karte enthält in Kol. 1 eine Ziffer 9.

Analyse:

Die Koeffizienten des Polynoms können ohne weiteres in einem Feld gespeichert werden: wir wählen den Namen AKOEFF (der bessere Name KOEFF ist uns verwehrt, da er ein ganzes und kein reelles Feld bedeutet).

Die Berechnung des Polynoms kann auf mehr oder minder günstige Art erfolgen: die Darstellung der Formel ist nicht geeignet, da wir ja zuerst die 9. Potenz von x, dann die 8., die 7., .... und am Schluß die 1. Potenz von x benötigen. Zur Berechnung der 9. Potenz benötigt man die 8., für diese die 7. Potenz usw Wir zeigen darum eine Berechnungsart, die keine Potenz von x extra berechnet:

$$P = (\ldots.((((a_1 x + a_2)\ x + a_3)\ x + a_4)\ x + a_5)\ldots.)\ x + a_{1\emptyset}$$

Zuerst berechnen wir $a_1 x + a_2$; wir nehmen also die Koeffizienten der höchsten Potenz zuerst. $a_1 x + a_2$ wird mit x multipliziert und zum Produkt addiert man den Koeffizienten der nächst niedrigeren Potenz. Den so gewonnenen Ausdruck multipliziert man mit x und addiert den nächsten Koeffizienten usw.

Wir wollen die berechneten Werte mit einem Titel versehen, der die Koeffizienten, ja sogar die Formel des Polynoms, enthält. Eine Zeile des Druckers enthalte 12Ø Positionen. Die zehn Koeffizienten verteilen wir auf zwei Zeilen.

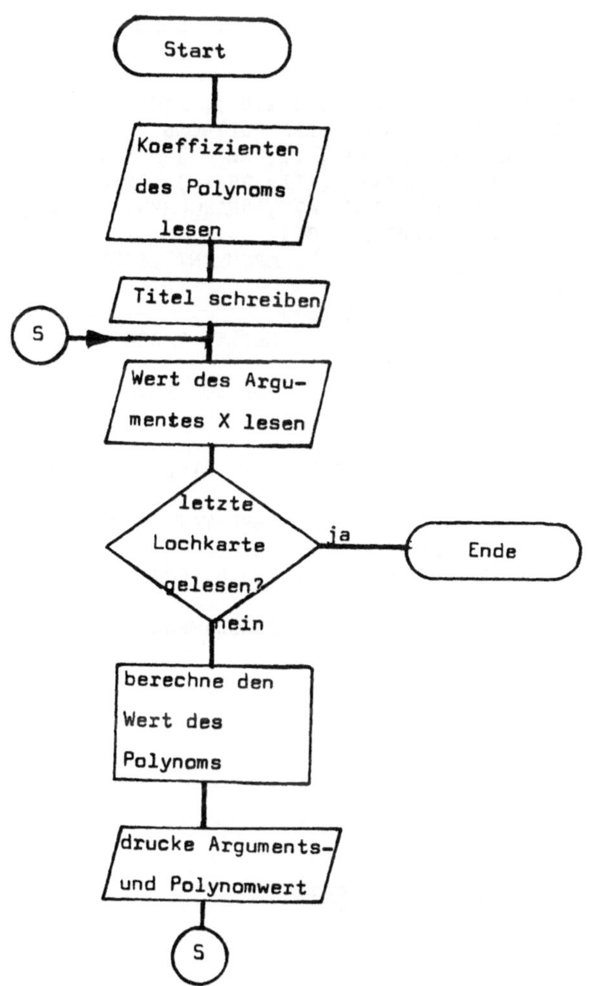

Das Fortran Programm:

```
C             PROGRAMM ZUR BERECHNUNG EINES POLYNOMS.
C             *************************************
C                                         DEKLARATION DER FELDER
      DIMENSION  AKOEFF (1Ø),  IEXPO (8)
C                                         KOEFFIZIENTEN LESEN
      READ 1Ø,  AKOEFF
   1Ø      FORMAT ( 5E16.8 )
C                                         TITEL SCHREIBEN
      DO 15  I = 1, 8
   15      IEXPO (I)  =  1Ø - I
      PRINT 2Ø, ( AKOEFF(I), IEXPO(I), I=1,8 ), AKOEFF(9), AKOEFF(1Ø)
   2Ø      FORMAT (1H1, 5ØX, 18HWERTE DES POLYNOMS / 5HØP =  ,
     1           5 ( E16.8, 4H*X** , I1, 2H + ) / 4X, 1H+ ,
     2           3 ( E16.8, 4H*X** , I1, 2H + ) , E16.8, 5H*X  + ,
     3           E16.8 / 1HØ / 1HØ, 47X, 8HARGUMENT , 1ØX ,
     4           11HPOLYNOMWERT / 1HØ )
C                                         ARGUMENT LESEN
   3Ø READ 35,  MARKE, X
   35              FORMAT ( I1, E19.Ø )
C                                         LETZTE KARTE GELESEN ?
      IF ( MARKE - 9 )  4Ø, 99, 4Ø
C                                         POLYNOM BERECHNEN
   4Ø      POLYNO = AKOEFF (1)
           DO 5Ø  I = 2, 1Ø
                   POLYNO =  POLYNO * X  +  AKOEFF (I)
   5Ø              CONTINUE
C                                         RESULTAT DRUCKEN
           PRINT 6Ø,  X, POLYNO
   6Ø               FORMAT ( 1HØ, 43X, E15.8, E2Ø.8 )
           GO TO 3Ø
C                                         PROGRAMMABSCHLUSS
   99                       S T O P
                           E   N   D
```

## 4.5 Näherungsverfahren I: die Kubikwurzel

Aufgabe:

Verfassen Sie ein Programm, das die Kubikwurzel von Werten berechnet, die ab Lochkarte gelesen werden.

Analyse:

Der Computer kann die dritte Wurzel aus einem Wert nicht direkt ziehen. Die Hardware des Computers kann ja von den arithmetischen Operationen nur die Addition, Subtraktion, Multiplikation und Division durchführen.

Für Computer gibt es kein Verfahren, das die gestellte Aufgabe für jede reelle Zahl exakt löst; ein Verfahren würde ja schon daran scheitern, daß der Computer reelle Zahlen nur mit beschränkter Genauigkeit speichern kann. Wir müssen uns mit mehr oder minder gut geschätzten Werten bescheiden.

Wie kommen wir zu gut geschätzten Werten? Dazu gibt es sog. Näherungsverfahren. Sie heißen auch Iterationsverfahren (lateinisch iterum = wiederum), die einen Rechenschritt solange wiederholen, bis genügend genaue Werte erreicht worden sind. Was heißt "genügend genau"? Wie können wir wissen, ob "genügend genaue" Werte erreicht worden sind, wenn wir den wahren Wert ja gar nicht kennen? Diese Frage muß auch das Iterationsverfahren beantworten. Ein Iterationsverfahren wollen wir für unsere Aufgabe benützen.

Isaac Newton, ein Mathematiker und Physiker (1642 - 1727), hat ein Näherungsverfahren zur Berechnung der Kubikwurzel angegeben. Es enthält die Formel für den Iterationsschritt:

$$Y_{n+1} = \frac{1}{3} \left( 2\,Y_n + \frac{x}{Y_n^2} \right)$$

Iterationsformel zur Berechnung von $\sqrt[3]{x}$

Das Verfahren läuft folgendermaßen:

- wähle einen ersten Wert zur Schätzung von $\sqrt[3]{x}$, z.B. den Wert der Variablen x,
- setze diesen Wert anstatt $Y_n$ in die Iterationsformel und berechne damit eine neue Schätzung $Y_{n+1}$,
- setze die berechnete Schätzung in die Formel an Stelle von $Y_n$ und berechne eine neue Schätzung $Y_{n+1}$,
- wiederhole den letzten Schritt so oft, bis der Wert der zuletzt berechneten Schätzung vom Wert der zweitletzt berechneten Schätzung "genügend wenig" abweicht.

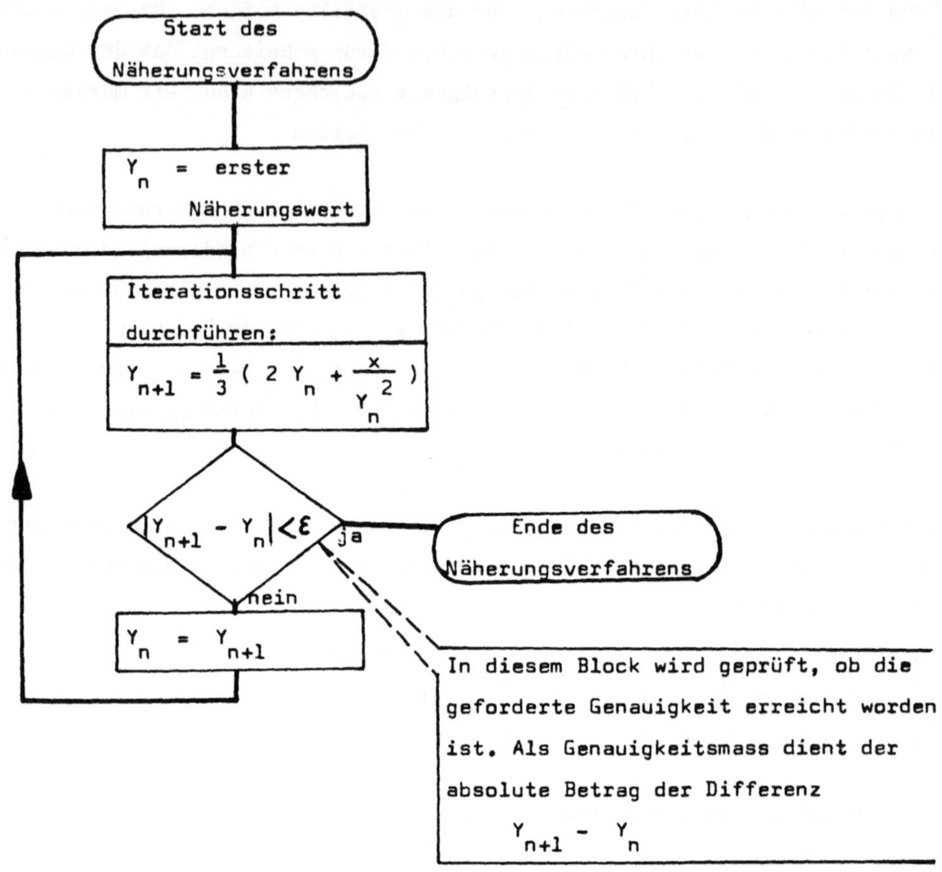
Start des Näherungsverfahrens
Y_n = erster Näherungswert
Iterationsschritt durchführen:
Y_{n+1} = 1/3 ( 2 Y_n + x / Y_n^2 )
|Y_{n+1} - Y_n| < ε
ja
nein
Ende des Näherungsverfahrens
Y_n = Y_{n+1}
In diesem Block wird geprüft, ob die geforderte Genauigkeit erreicht worden ist. Als Genauigkeitsmass dient der absolute Betrag der Differenz
Y_{n+1} - Y_n

Unser Iterationsverfahren beruht auf einigen mathematischen Tatsachen, die von Newton bewiesen worden sind:

1) als erste Näherung kann ein beliebiger Wert gewählt werden, dessen Vorzeichen demjenigen von x entspricht. Wir werden x als ersten Näherungswert verwenden.

2) die Folge der Näherungswerte konvergiert gegen den gesuchten Wert $\sqrt[3]{x}$

$$\lim_{n \to \infty} Y_n = \sqrt[3]{x}$$

Tatsachen dieser Art müssen mathematisch bewiesen werden, bevor ein Verfahren auf dem Computer angewendet werden darf.

Das vorgestellte Verfahren überfordert den Computer nicht, da es mit den Operationen Addition, Multiplikation und Division auskommt. Jedoch müssen wir noch einen Vorbehalt anbringen: der Computer ist nur dann nicht überfordert, wenn die verlangte Genauigkeit (die Zahl $\mathcal{E}$) so gewählt ist, daß er überhaupt noch genauer rechnen kann. Um flexibel zu sein, wollen wir darum nicht nur die Größe x einlesen, sondern auch die verlangte Genauigkeit (im Programm nennen wir sie EPSILN).

Damit das Verfahren unter keinen Umständen ad infinitum weiterläuft, ohne die verlangte Genauigkeit zu erreichen, wollen wir in das Programm eine Sicherung einbauen: es sollen nicht mehr als 1ØØ Iterationsschritte durchgeführt werden können.

Wie bei den letzten Beispielen fügen wir den Datenkarten eine "letzte Karte" an. Diese soll in Kol. 31 eine von Null verschiedene Ziffer enthalten.

Blockdiagramm der Aufgabe

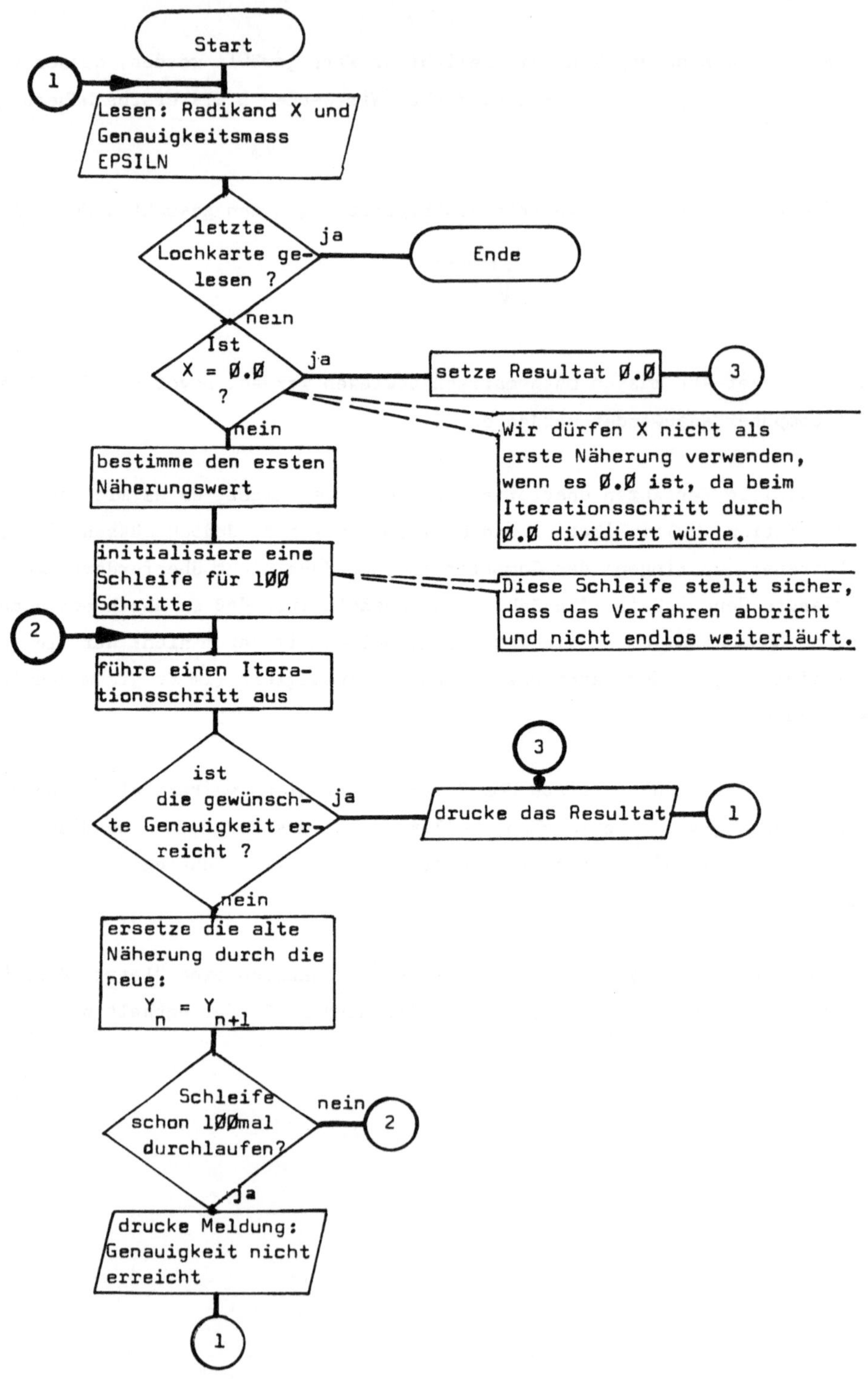

```
C                 PROGRAMM FUER DIE DRITTE WURZEL.
C                 ********************************
C
1     FORMAT ( 2E15.8, I1 )
2     FORMAT ( 18H0DRITTE WURZEL VON , E20.8, 1H: , E20.8 ,
     1         26H.  VERLANGTE GENAUIGKEIT: , E20.8 )
3     FORMAT ( 29H0BERECHNUNG DER 3. WURZEL VON , E16.8, 10H NACH 100 ,
     2         45HSCHRITTEN ABGEBROCHEN (VERLANGTE GENAUIGKEIT:, E16.8,
     3         1H) )
C
C                                         WERT LESEN
   10 READ 1, X, EPSILN, IENDE
C                                         LETZTE KARTE ?
                  IF ( IENDE ) 99, 20, 99
C                                         X = 0.0 ?
   20 IF ( X ) 40, 30, 40
   30             YN1 = 0.0
                  GO TO 70
C                                         NAEHERUNGSVERFAHREN
   40       YN = X
            DO 60  I = 1, 100
                YN1 = ( 2.0 * YN  +  X / YN / YN )  /  3.0
C                                         GENAUIGKEIT ERREICHT ?
                IF ( YN1 - YN  - EPSILN ) 45, 50, 50
   45           IF ( YN  - YN1 - EPSILN ) 70, 50, 50
C                                         NEUEN SCHRITT VORBEREITEN
   50           YN = YN1
   60           CONTINUE
C                                         VERLANGTE GENAUIGKEIT IN 100
C                                         SCHRITTEN NICHT ERREICHT
            PRINT 3,  X, EPSILN
            GO TO 10
C                                         GENAUIGKEIT ERREICHT
   70 PRINT 2,  X, YN1, EPSILN
      GO TO 10
C                                         PROGRAMMABSCHLUSS
   99                          S T O P
C                                         SYNTAKTISCHES PROGRAMMENDE
                                E N D
```

## 4.6 Näherungsverfahren II: Exponentialfunktion

Aufgabe:

Schreiben Sie ein Programm, das die Exponentialfunktion $e^x$ für verschiedene Werte des Exponenten berechnet. Die Werte des Exponenten sollen auf Lochkarten eingegeben werden können.

Analyse:

Die Hardware des Computers kann die Berechnung des Wertes $e^x$ nicht direkt ausführen; ja sie kann die Zahl e nicht einmal exakt speichern. Wir müssen auch für dieses Problem auf ein Näherungsverfahren zurückgreifen. Mathematiker haben herausgefunden, daß der Wert $e^x$ durch eine unendliche Reihe dargestellt werden kann:

$$e^x = \sum_{n=0}^{\infty} \frac{x^n}{n!} = 1 + \frac{x}{1!} + \frac{x^2}{2!} + \frac{x^3}{3!} + \ldots\ldots + \frac{x^n}{n!} + \ldots$$

Mit dem Computer berechnen wir diese Summe schrittweise und erhalten auf diese Weise auch die Näherungen von $e^x$. Jetzt müssen wir noch festlegen, wann wir die Berechnung abbrechen wollen, - der Computer soll ja nicht endlos damit beschäftigt sein.

Das Abbruchkriterium muß selbstverständlich den Eigenschaften der Glieder der Summe angepaßt sein. Sie sehen gewiß ein, daß wir mit Vorteil die absoluten Beträge der Glieder für das Kriterium berücksichtigen.

Es gibt mehrere Möglichkeiten:

Wir brechen ab, wenn ein Summand kleiner als $10^{-8}$ ist. Für große Werte von x (z.B. x $10^{20}$) rechnen wir auf diese Weise viel zu lange. Denn der Computer speichert reelle Zahlen nur mit beschränkter Genauigkeit (z.B. 8 Dezimalstellen).

Ein Zahlenbeispiel soll zeigen, wie ein Summand wegen der beschränkten Genauigkeit des Computers nicht berücksichtigt werden kann:

$$A = 0.12345678 \cdot 10^{20} = 12345678000000000000.0$$
$$B = 0.12345678 \cdot 10^{20} = 123456780 0.0$$

| | |
|---|---|
| A = Ø.12345678 · 1Ø^2Ø = | 12345678ØØØØØØØØØØØØ.Ø |
| B = Ø.12345678 · 1Ø^2Ø = | 1234567800.Ø |
| | 12345678ØØ12345678ØØ.Ø |

Der Computer speichert nur 8 Stellen: 12345678ØØØØØØØØØØØØ.Ø

A + B = Ø.12345678 · 1Ø^2Ø

Ein Summand in der Größe von 1ØØ Millionen ist berücksichtigt geblieben!

Es drängt sich die Wahl einer andern Methode auf:

Wir brechen ab, wenn ein Summand kleiner als ein Millionstel der bisher berechneten Summe ist, d.h. wenn:

$$\left|\frac{x^n}{n!}\right| \leqq 10^{-6} \left|\sum_{i=0}^{n-1} \frac{x^i}{i!}\right|$$

Auch diese Methode funktioniert nicht ganz, da die Glieder $\frac{x^n}{n!}$ dem Betrag nach so lange wachsen, bis $n > |x|$ geworden ist.

Ein Zahlenbeispiel:

X = 4: $e^x = 1 + 4 + 8 + 10.67 + 10.67 + 8.54 + \ldots$

| Glieder der Summe wachsen | Glieder der Summe nehmen ab |
|---|---|

Hätten wir das Abbruchkriterium mit einer andern Zahl formuliert, z.B. mit Ø.85 statt einem Millionstel:

$$\left|\frac{x^n}{n!}\right| \leqq 0.85 \left|\sum_{i=0}^{n-1} \frac{x^i}{i!}\right|$$

so hätten wir nach den ersten drei Gliedern abgebrochen:

$$\frac{4^4}{4!} = 10.67 \leqq 0.85 \cdot (1 + 4 + 8) = 11.05$$

Wir verfeinern die Methode:

Wir brechen erst ab, wenn wir sicher sind, daß die Glieder der Summe abnehmen und kleiner als ein Millionstel der bisher berechneten Summe geworden sind (alle Beziehungen mit den Absolut-Beträgen):

$$\left|\frac{x^n}{n!}\right| < \left|\frac{x^{n-1}}{(n-1)!}\right|$$

$$\text{und} \quad \left|\frac{x^n}{n!}\right| \leqq 10^{-6} \left|\sum_{i=0}^{n-1} \frac{x^i}{i!}\right|$$

Damit wir dieses Kriterium anwenden können, müssen wir Variablen für die Summe, den neuen Summanden und den letzten Summanden einführen.

Nun wollen wir noch darauf hinweisen, daß jeder folgende Summand nicht von Anfang an berechnet werden muß, sondern aus dem letzten durch eine einfache Operation entsteht:

$$\frac{x^n}{n!} = \frac{x^{n-1}}{(n-1)!} \cdot \frac{x}{n}$$

Zur Berechnung der absoluten Werte benützen wir ein Element der Fortran-Sprache, das erst im nächsten Kapitel besprochen wird:
der Ausdruck

ABS ( a ) a: ein reeller Ausdruck

berechnet den absoluten Wert des Ausdrucks a (siehe die Zeilen 21Ø und 22Ø des Programms).

<u>Blockdiagramm</u>:

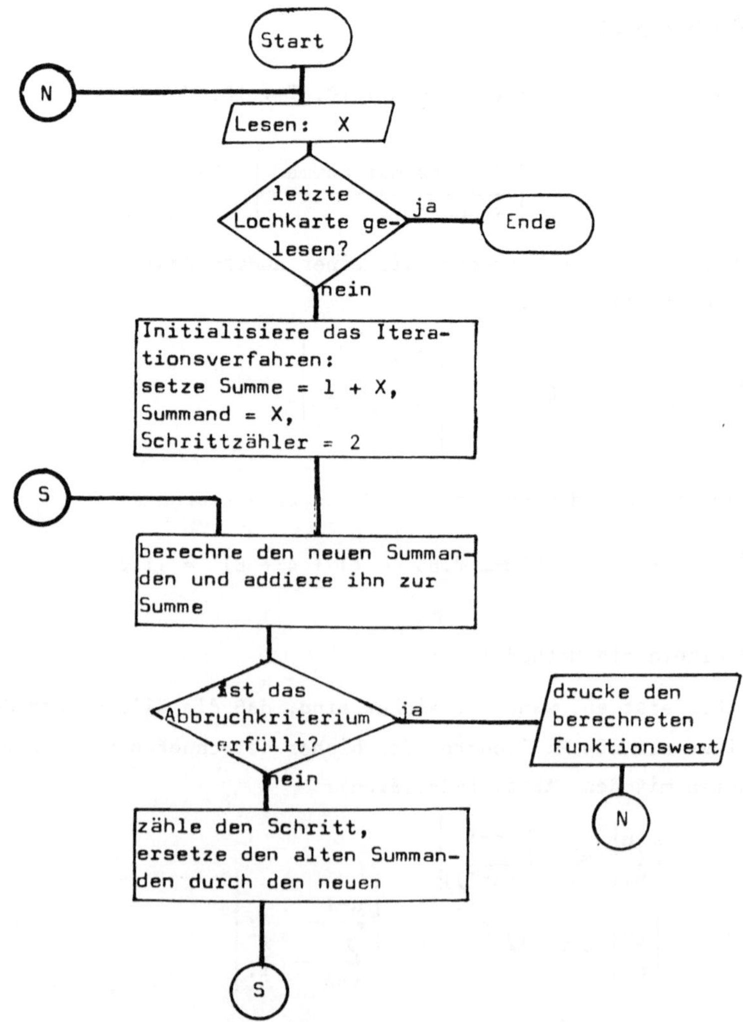

```
C     PROGRAMM  E X P O N E N T I A L - F U N K T I O N
C
C     DATENEINGABE:  1 WERT VON X PRO LOCHKARTE IN DEN KOLONNEN
C                      1 ... 15 IM E-FORMAT,
C                    1 LETZTE KARTE MIT EINER ZIFFER (NICHT NULL)
C                      IN KOLONNE 16.
C     GENAUIGKEIT DER BERECHNUNG
C                    ABBRUCH DER BERECHNUNG, SOBALD DIE SUMMANDEN DER
C                    REIHENENTWICKLUNG NUR NOCH 1 MILLIONSTEL DER BE-
C                    REITS ERRECHNETEN SUMME BETRAGEN.
C
    1 READ 1ØØØ,  X, IENDE
              IF ( IENDE ) 99, 1Ø, 99
C                                   ITERATIONSVERFAHREN INITIALISIEREN
   1Ø SUMME  =  1.Ø + X
      SUMD1  =  X
      SCHRIT = 2.Ø
C                                   ITERATIONSSCHRITT DURCHFUEHREN
   2Ø       SUMD2 = SUMD1 * X / SCHRIT
            SUMME = SUMME + SUMD2
C                                           ABBRUCHKRITERIUM ERFUELLT ?
            IF ( ABS( SUMD2 ) - ABS( SUMD1 ) ) 3Ø, 4Ø, 4Ø
   3Ø       IF ( ABS( SUMD2 ) - ABS( SUMME ) * 1.ØE-6 ) 5Ø, 4Ø, 4Ø
C                                           NICHT ERFUELLT :
   4Ø                SCHRIT = SCHRIT + 1.Ø
                     SUMD1  = SUMD2
                     GO TO 2Ø
C                                           ERFUELLT :
   5Ø PRINT 11ØØ,  X, SUMME
      GO TO 1
C                                   PROGRAMMABSCHLUSS
   99                S T O P
C
 1ØØØ FORMAT ( E15.8, I1 )
 11ØØ FORMAT ( 7HØE HOCH , E16.8, 9H ERGIBT: , E17.8 )
                     E   N   D
```

<u>Anmerkung</u>: Zur Berechnung der Exponentialfunktion gibt es bessere und raschere Näherungsverfahren, die in jeder grösseren Computeranlage als Bibliotheksprogramme zur Verfügung stehen.

## 5. Unterprogramme in Fortran

Die Fortran-Sprache enthält drei Typen von Unterprogrammen:

die Funktionsanweisung,

das FUNCTION-Unterprogramm,

das SUBROUTINE-Unterprogramm.

Sie sind in der folgenden Tabelle einander gegenübergestellt und werden in den Abschnitten 5.3 bis 5.5 ausführlich behandelt.

<table>
<tr><th></th><th>Funktions-Anweisung</th><th>FUNCTION-Unterprogramm</th><th>SUBROUTINE-Unterprogramm</th></tr>
<tr><td>Zweck</td><td>berechnet einen Wert</td><td>berechnet einen Wert und<br>kann weitere Aufgaben erfüllen</td><td>für alles verwendbar</td></tr>
<tr><td rowspan="2">Form</td><td rowspan="2">eine Anweisung innerhalb<br>des aufrufenden Programms;<br>sie steht vor der ersten<br>ausführbaren Anweisung</td><td colspan="2">syntaktisch vollständiges Programm mit mehreren Anweisungen</td></tr>
<tr><td>die erste Anweisung heisst:<br>FUNCTION</td><td>die erste Anweisung heisst:<br>SUBROUTINE</td></tr>
<tr><td>Aufruf</td><td colspan="2">Aufruf innerhalb eines Ausdrucks mit Namen und Parameterliste<br>genauer: mitten in der Auswertung eines Ausdrucks</td><td>Aufruf durch CALL-Anweisung<br>mit fakultativer Parameterliste</td></tr>
<tr><td>Rückkehr in<br>aufrufendes<br>Programm</td><td>zur Rückkehr keine Anweisung<br>nötig</td><td colspan="2">Rückkehr in aufrufendes Programm durch RETURN-Anweisung</td></tr>
<tr><td>Wo sind<br>die Para-<br>meter ?</td><td>alle Parameter in der Para-<br>meterliste des Aufrufs; min-<br>destens ein Parameter</td><td>mindestens ein Parameter in der<br>Parameterliste; weitere Parameter<br>in sog. COMMON-Bereich möglich</td><td>Parameter können in der Parameter-<br>liste der CALL-Anweisung oder im<br>sog. COMMON-Bereich stehen.</td></tr>
<tr><td>Typ</td><td colspan="2">Typ des Unterprogramms durch seinen Namen bestimmt</td><td>kein Typ</td></tr>
</table>

Bevor wir die Unterprogramme einzeln behandeln, wollen wir die Parameter genauer anschauen und die Ausdrücke um einen Term erweitern.

## 5.1 Formal- und Aktualparameter

In der Tabelle kommt bei allen drei Unterprogrammtypen das Wort Parameter vor. Da gilt es, noch einiges zu klären.

Unterprogramme sind nichts anderes, als formelle Vorschriften und Arbeitsanweisungen. Sie werden mit gewißen Variablen definiert, deren Wert wir nicht für alle Anwendungen festlegen können. Diese Variablen, die von Anwendung zu Anwendung verschiedene Werte repräsentieren, nennen wir Parameter, genauer: Formalparameter; mit ihnen wird ja der Arbeitsablauf formell beschrieben.

Aus der Algebra kennen Sie gewiß die binomische Formel:

$$( a + b )^2 = a^2 + 2ab + b^2$$

Nun erhalten Sie die Aufgabe, die Summe c+d ins Quadrat zu erheben. Selbstverständlich versuchen Sie, die Formel anzuwenden.

| Einsetzen: | | |
|---|---|---|
| a | b | Formel |
| ↓ | ↓ | |
| c | d | aktuell |

Die Formel ist mit den Formalparametern a und b formuliert. Für Sie jedoch ist die Frage aktuell:

$$( c + d )^2 = ?$$

Sie werden also die Vorschrift der Formel mit Ihren aktuellen Werten c und d durchrechnen, indem Sie c für a und d für b einsetzen. Dann erhalten Sie:

$$( c + d )^2 = c^2 + 2cd + d^2$$

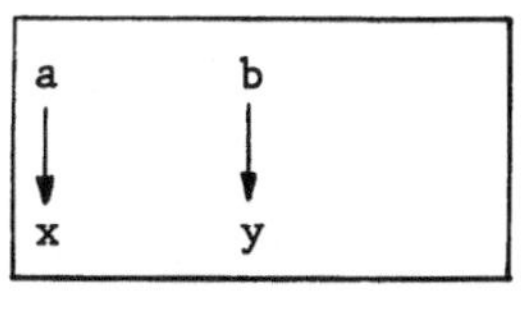


Ein anderes Mal müssen Sie $(x+y)^2$ berechnen. Auch da verwenden Sie die Formel und ersetzen a durch x und b durch y:

$$( x + y )^2 = x^2 + 2xy + y^2$$

Beide Beispiele sollen Ihnen verständlich machen, daß c und d bzw. x und y auch Parameter sind: in der einen Anwendung der Formel benützen wir die einen, in der andern Anwendung die andern Parameter. Mit ihnen wird die Formel durchgerechnet; sie sind die bei der Anwendung aktuellen Parameter. Sie heißen dementsprechend Aktualparameter.

Mit den Formalparametern wird die Arbeit definiert,
mit den Aktualparametern wird die Arbeit durchgeführt.

Sie können jetzt gewiß erraten, welche Parameter im Unterprogramm auftreten und welche im Aufruf. Die Formalparameter treten im Unterprogramm auf, die Aktualparameter erscheinen im Aufruf des Unterprogramms.

| Formalparameter im Unterprogramm |
|---|
| Aktualparameter im Aufruf |

Wir wollen den Faden des Beispiels weiterspinnen:
berechnen Sie:

$$(3c + 4d)^2$$

Klar, daß Sie wieder die Formel verwenden, indem Sie
3c mit a und 4d mit b identifizieren.
So erhalten Sie:

$$( 3c + 4d )^2 = (3c)^2 + 2(3c)(4d) + (4d)^2$$

Sie berechnen also zuerst 3c (einen Ausdruck) und 4d (noch einen Ausdruck) und setzen die Zwischenresultate in die Formel ein.

Der soeben gezeigte Vorgang ist in Fortran auch gestattet: Aktualparameter dürfen Ausdrücke sein.
Für Formalparameter ist diese Möglichkeit sinnlos und darum in der Sprache nicht enthalten.

Noch ein Unterschied: ein Formalparameter ist nie eine indizierte Variable; er ist nur Name einer einfachen Variablen oder eines Feldes. Ein Aktualparameter darf jedoch eine indizierte Variable sein.

| | Formalparameter | Aktualparameter |
|---|---|---|
| Auftreten: | im Unterprogramm | im Aufruf des Unterprogramms |
| Form: | ———<br>einfache Variable<br>———<br>Name eines Feldes<br>——— | Konstante<br>einfache Variable<br>indizierte Variable<br>Name eines Feldes<br>Ausdruck |

## 5.2 Erweiterung des Begriffs "Ausdruck"

In der Tabelle über die Unterprogramme steht ja, daß Funktionsanweisungen und FUNCTION-Unterprogramme innerhalb eines Ausdrucks aufgerufen werden. Gemäß dem, was wir bisher über Ausdrücke gelernt haben (Abschnitt 1.3), besteht dazu keine Möglichkeit. Darum bringen wir jetzt die nötige Ergänzung an:

Ausdrücke werden nicht nur mit Konstanten, Variablen, Operatoren und Klammern aufgebaut, sondern auch mit Funktionsaufrufen. Diese haben folgende Gestalt:

| Funktionsname (Liste der Aktualparameter) |
|---|

Beispiel:

```
FUNC   (ALPHA, JOTA, MY)
FUNC   (BETA (17), 5, 3Ø)
FUNC   (AL/2.75, JOT-4, MY*32)
```

Halt! Sind die Funktionsaufrufe nicht ähnlich der Bezugnahme auf eine indizierte Variable?

Beispiele aus 1.2.5 für indizierte Variablen:

```
FELD   (23, 37, 3)
SCHEMA (3, 5Ø)
MATRIX (6* I-3, 5*J)
```

Die Ähnlichkeit ist nicht zu leugnen:

Wie kann der Übersetzer zwischen Funktionsaufruf und Aufruf einer indizierten

Variablen unterscheiden?

Wenn Sie sich die Beispiele mit indizierten Variablen noch einmal durch den Kopf gehen lassen, fällt Ihnen gewiß auf, daß sie eine DIMENSION-Anweisung enthalten. Darin wird der Name der indizierten Variablen als Feldname deklariert. Genau dies ist der springende Punkt.

Wenn der Übersetzer auf eine Zeichenkombination der Form

| name (liste) |
|---|

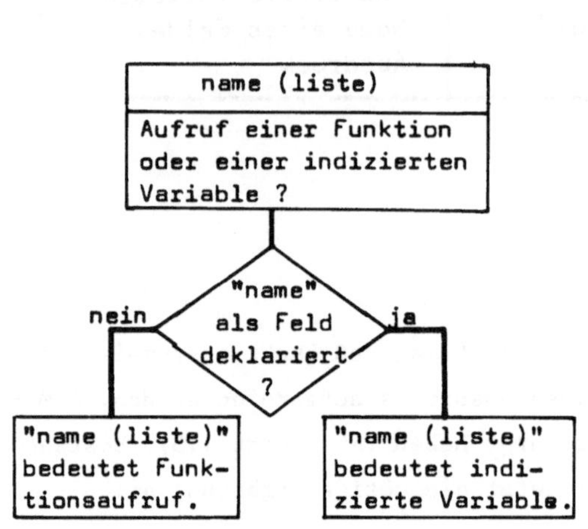


stößt, wird geprüft, ob der "name" als Feldname deklariert worden ist. Wenn ja, bedeutet die Zeichenkombination eine indizierte Variable und die "liste" enthält Indizes. Wenn jedoch der "name" nicht als Feldmame deklariert worden ist, legt der Übersetzer die Zeichenkombination als Aufruf einer Funktion aus; die "liste" enthält Aktualparameter.

Ein Funktionsaufruf darf innerhalb eines Ausdrucks überall da auftreten, wo Konstante oder Variable auftreten dürfen.

Wann werden die Funktionsaufrufe innerhalb eines Ausdrucks ausgeführt? Erst dann wird ein Funktionsaufruf durchgeführt, wenn er in einer Operation als Operand verwendet werden soll.

Zum Beispiel wird der Ausdruck
SEITE1 * SEITE2 * COS( WINKEL )
in folgenden Schritten berechnet:

| | | |
|---|---|---|
| zuerst | SEITE1 * SEITE2 | ⟶ $r_1$ |
| danach | COS( WINKEL ) | ⟶ $r_2$ |
| zum Schluß | $r_1 * r_2$ | ⟶ Resultat |

## 5.3 Die Funktionsanweisung (Function Statement)

| name (liste) = ausdruck | |
|---|---|
| name: | Name der Funktion, bestimmt den Typ |
| liste: | enthält die Formalparameter. Mehrere Parameter sind voneinander durch Komma getrennt. Es sind nur einfache Variablen als Formalparameter erlaubt. |
| ausdruck: | ein Ausdruck, der aus einfachen Variablen und Funktionsaufrufen besteht. |

Die Funktionsanweisungen müssen syntaktisch vor der ersten ausführbaren Anweisung des Programms stehen. Sie sollen keine Anweisungsnummer enthalten.

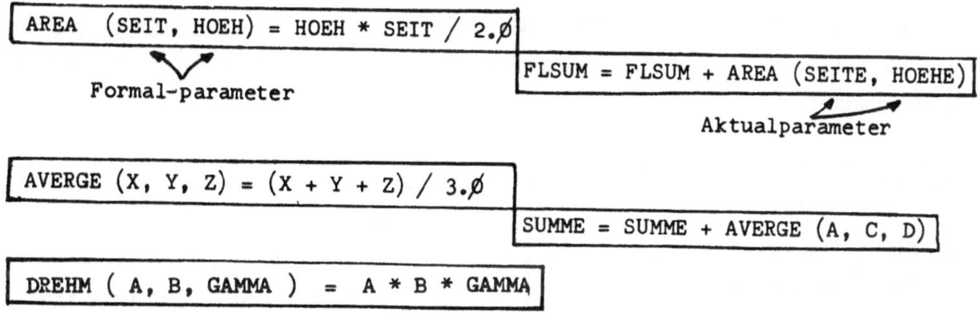


Regeln über Funktionsanweisungen:

Die Funktion berechnet ja den Wert eines Ausdrucks. Da Ausdrücke einen Typ haben, wird auch Funktionen ein Typ zugeschrieben. Der Typ der Funktion wird aus ihrem Namen abgeleitet.

Für den Aufbau des Funktionsnamens und die Bestimmung des Typs der Funktion gibt es zwei Konventionen. Im Merkblatt über Ihren Computer finden Sie die für Sie gültige.

Alte Konvention: Der Name der Funktion schließt mit F ab.
Beginnt der Name mit X, ist die Funktion ganz,
beginnt der Name nicht mit X, ist die Funktion reell.

Neue Konvention: Der Name der Funktion ist wie bei Variablen- oder Feldname aufgebaut; der Typ der Funktion wird nach den gleichen Regeln bestimmt, wie der Typ von Variablen und Feldern.

| erster Buchstabe des Namens: | Funktionstyp: |
|---|---|
| I ... N, | ganz |
| A ... H, O ... Z | reell |

In diesem Heft benützen wir die neue Konvention !

Der Ausdruck darf keine indizierten Variablen enthalten. Aufrufe von andern, zuvor definierten Funktionsanweisungen sind erlaubt.

```
FUNNY (A, C, D)  =  AREA (A, D) / AVERGE (A, C, D)
```

Die Funktionsanweisungen eines Programms müssen vor die erste ausführbare Anweisung gestellt werden. Damit erhalten wir den folgenden syntaktischen Aufbau eines Programms:

| PROGRAMM: |
|---|
| 1. Nicht ausführbare Anweisungen<br>2. Funktionsanweisungen<br>3. ausführbare Anweisungen und FORMATe<br>zuletzt: END |

Der Übersetzer erkennt Funktionsanweisungen daran, daß links des "="-Zeichens eine Zeichenkombination steht, die gleich wie ein Funktionsaufruf (mit einfachen Variablen als Parameter) aufgebaut ist. Die Parameterliste enthält die Formalparameter.

Die Funktion wird aufgerufen, indem ihr Name mit einer Parameterliste in einem Ausdruck auftritt. Diese Parameterliste enthält die Aktualparameter.

```
FLSUM   +   AREA   (SEITE, HOEHE)
```

Die Anzahl der Parameter in der Funktionsanweisung und im Aufruf der Funktion müssen einander gleich sein. Die Formal- und die Aktualparameter müssen auch bezüglich des Typs übereinstimmen.

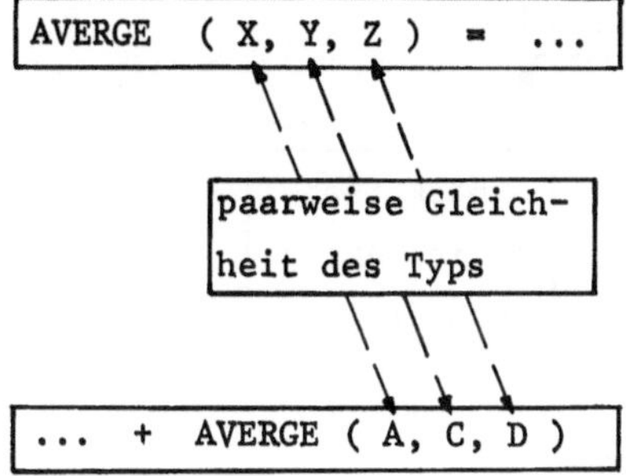


Ein Programmbeispiel:

Aufgabe:

Zehn Lochkarten enthalten je gemessene Werte der Seiten und Höhen eines Dreiecks (Reihenfolge der Werte: Seiten a, b, c; Höhen $h_a$, $h_b$, $h_c$ in je 12 Kolonnen mit Exponent). Berechnen Sie auf alle Arten die Fläche jedes Dreiecks und bestimmen Sie die Abweichungen der berechneten Werte untereinander (als Maß für die Ungenauigkeit der Messungen).

```
C       FUNKTIONSANWEISUNG:
                 AREA ( SEIT, HOEH ) = SEIT * HOEH / 2.Ø
C
C       AUSFUEHRBARE ANWEISUNGEN:
C
        DO 1ØØ  I = 1, 1Ø
                 READ 1ØØØ, A, B, C, HA, HB, HC
                 FLACHA = AREA ( A, HA )
                         DIFFAB = FLACHA - AREA ( B, HB )
                         DIFFAC = FLACHA - AREA ( C, HC )
                         DIFFBC = DIFFAC - DIFFAB
                 PRINT 1Ø1Ø, FLACHA, DIFFAB, DIFFAC, DIFFBC
  1ØØ            CONTINUE
        STOP
 1ØØØ            FORMAT ( 6E12.5)
 1Ø1Ø            FORMAT (9HØFLAECHE:,E2Ø.8,1ØX,12HDIFFERENZEN:,3E18.8)
        END
```

## 5.4 Das FUNCTION-Unterprogramm

Der Titel zeigt bereits an, daß wir in diesem Abschnitt ein syntaktisch vollständiges Programm (im Sinne von 1.5) behandeln. Die Unterordnung eines Unterprogramms unter ein Hauptprogramm ist nur logisch. Syntaktisch sind Unterprogramm und Hauptprogramm gleichwertig: beide sind syntaktisch voneinander unabhängig. Sie werden vom Übersetzer unabhängig voneinander übersetzt.

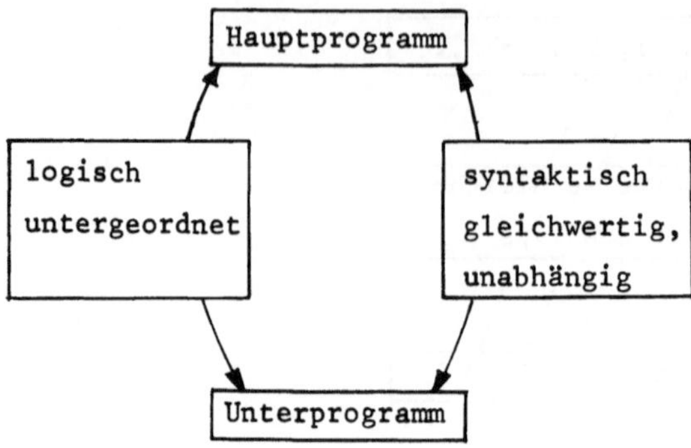


Was bedeutet "syntaktisch unabhängig"? Namen von Feldern und Variablen sowie Anweisungsnummern können in beiden Programmen beliebig und ohne Rücksicht auf das andere Programm gewählt werden: die Programme dürfen z.B. gleiche Anweisungsnummern verwenden.

Das FUNCTION-Unterprogramm wird durch die FUNCTION-Anweisung eingeleitet:

| FUNCTION | name | (liste) |
|---|---|---|
| | name: | Name der Funktion |
| | liste: | enthält Formalparameter |

Der Name der Funktion ist gemäß den Regeln von 1.2.3 aufgebaut. Er bestimmt auch den Typ der Funktion auf gleiche Weise wie bei Variablen:

| erster Buchstabe des Namens | Typ der Funktion: |
|---|---|
| I ... N, | ganz |
| A ... H, O ... Z | reell |

Die Liste enthält einen oder mehrere voneinander durch Komma getrennte Formalparameter. Diese dürfen auch Namen von Feldern sein.

Formalparameter, die Felder darstellen, müssen im Unterprogramm als Felder deklariert werden.

```
FUNCTION    FUNC ( FELD )
DIMENSION   FELD ( 1Ø, 2Ø )
```

Das ganze FUNCTION-Unterprogramm hat folgende Gestalt:

1. FUNCTION-Anweisung
2. nicht ausführbare Anweisungen
3. Funktionsanweisungen
4. ausführbare Anweisungen
5. END-Anweisung

Unter den ausführbaren Anweisungen ist mindestens eine, die dem Funktionsnamen einen Wert zuweist (Ergibt- oder READ-Anweisung).

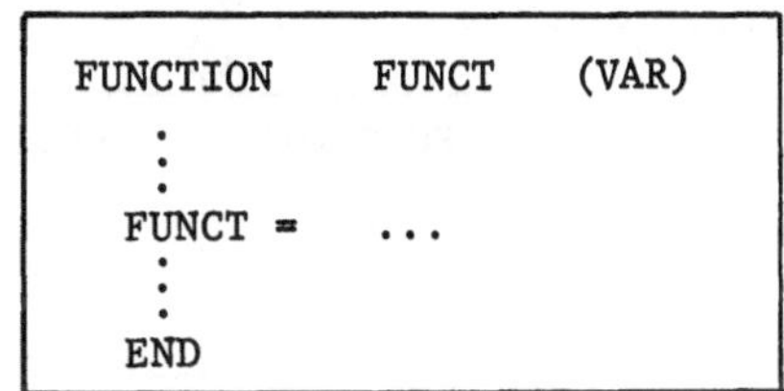


Den Rücksprung in das aufrufende Programm bewirkt die RETURN-Anweisung (siehe 5.6).

Das FUNCTION-Unterprogramm wird wie Funktionsanweisungen aufgerufen: sein Name erscheint mit einer Parameterliste in einem Ausdruck. Die Parameterliste enthält die Aktualparameter.

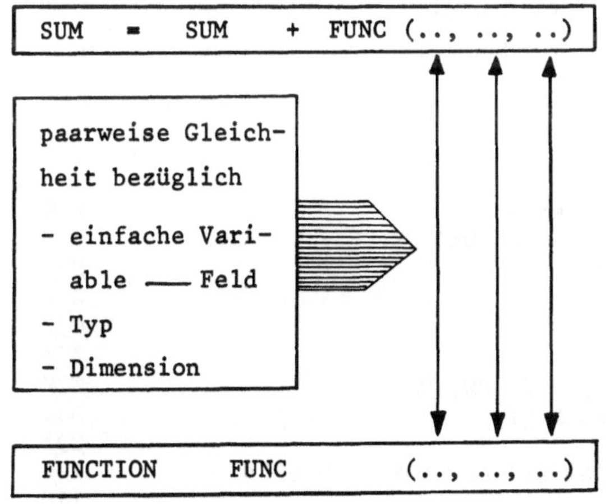


Aktualparameter und Formalparameter müssen einander entsprechen bezüglich Anzahl und paarweise bezüglich des Typs, für Felder außerdem bezüglich der Dimensionierung (Anzahl und Größe der Indizes, vgl. 5.8).

Ein Unterprogramm darf <u>nicht sich selbst aufrufen</u>, auch nicht indirekt über andere Unterprogramme.

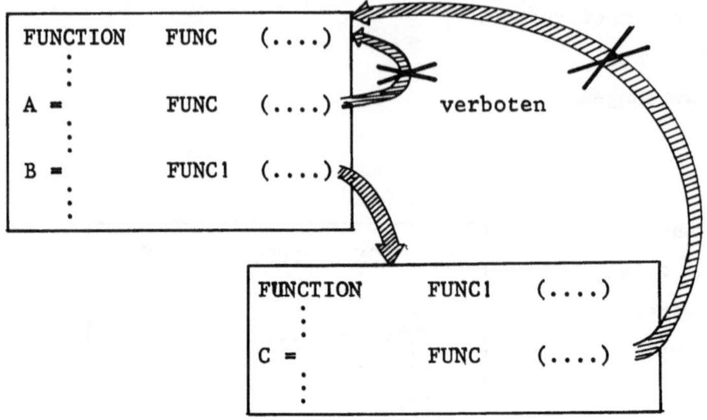


Kein Übersetzer kann die Einhaltung der letzten beiden Regeln überwachen!

<u>Programmbeispiel</u>:

Aufgabe:

Verfassen Sie ein Unterprogramm, das aus einem Feld von 100 Variablen die größte Zahl bestimmt. Das Feld enthält reelle Zahlen. Aus wievielen Zahlen des Feldes effektiv die größte Zahl bestimmt werden soll, wird in einem Parameter angegeben:

```
      FUNCTION   G R O E S T   (FELD, IANZ)
C                                  DEKLARATION DES FELDES:
            DIMENSION   FELD (100)
C
      GROEST = FELD(1)
      DO 20  I = 2, IANZ
            IF (GROEST - FELD (I) )  10, 20, 20
   10                   GROEST = FELD (I)
   20       CONTINUE
C                                HIER IST DIE AUFGABE ERFUELLT:
      RETURN
            END
```

Innerhalb des Unterprogramms darf der Funktionsname als einfache Variable betrachtet werden. Man darf damit rechnen. (Vgl. die Zeilen Ø5Ø, Ø7Ø und Ø8Ø). Die RETURN-Anweisung wird in 5.6 gezeigt; sie bewirkt, daß das aufrufende Programm fortgesetzt wird.

Ein Hauptprogramm, das die Zahlen einliest und die Funktion aufruft, kann folgendermaßen heißen:

```
      DIMENSION  ARRAY (1ØØ)
      READ 5, NANZAL
C                          NANZAL IST DIE ANZAHL DER ZU LESENDEN ZAHLEN.
C                          HAT NANZAL GUELTIGEN WERT ?
            IF  ( NANZAL ) 99, 99, 1
    1       IF  ( NANZAL   - 1ØØ ) 2,2,99
    2 READ 6, (ARRAY(I), I = 1, NANZAL )
      GROSS = GROEST (ARRAY, NANZAL)
      PRINT 7, GROSS
      STOP
   99                      PRINT 98, NANZAL
                           STOP
    5       FORMAT ( I3 )
    6       FORMAT ( 1ØF8.2 )
    7       FORMAT ( 26HØDIE GROESSTE ZAHL HEISST:, F12.2)
   98       FORMAT ( 35HØDIE GEGEBENE ANZAHL IST UNGUELTIG:, I6)
      END
```

## 5.5 Das SUBROUTINE-Unterprogramm

Wie das FUNCTION-Unterprogramm ist auch das SUBROUTINE-Unterprogramm syntaktisch vollständig im Sinne von 1.5. Namen von Variablen und Feldern sowie Anweisungsnummern können also ohne Rücksicht auf Haupt- und andere Unterprogramme gewählt werden.

Das SUBROUTINE-Unterprogramm wird durch eine SUBROUTINE-Anweisung eingeleitet:

| | | |
|---|---|---|
| SUBROUTINE | name | |
| SUBROUTINE | name | (liste) |
| | name: Name des Unterprogramms | |
| | liste: enthält Formalparameter | |

Der Name der SUBROUTINE ist wie ein Variablenname aufgebaut (vgl. 1.2.3).

Den SUBROUTINEn wird kein Typ zugeschrieben.

Die Liste der Formalparameter ist fakultativ. Sie enthält einen oder mehrere voneinander durch Komma getrennte Namen. Die Namen können auch Felder bezeichnen.

Formalparameter, die Felder repräsentieren, müssen im Unterprogramm als Felder deklariert werden.

```
SUBROUTINE   SUB1   (FELD)
DIMENSION    FELD   (1Ø, 2Ø)
```

Die ganze SUBROUTINE hat folgende Gestalt:

1. SUBROUTINE-Anweisung
2. nicht ausführbare Anweisungen
3. Funktionsanweisung
4. ausführbare Anweisungen
5. END-Anweisung

Der Name der SUBROUTINE darf innerhalb des Unterprogramms nicht mehr verwendet werden.

Den Rücksprung in das aufrufende Programm bewirkt die RETURN-Anweisung (s. 5.6).

Die SUBROUTINE wird mit einer CALL-Anweisung aufgerufen:

| | | |
|---|---|---|
| CALL | name | |
| CALL | name | (liste) |
| | name: Name des Unterprogramms | |
| | liste: enthält Aktualparameter | |

Mehrere Aktualparameter werden voneinander durch Komma getrennt.

Auch bei den SUBROUTINEn müssen Aktual- und Formalparameter einander entsprechen, bezüglich der Anzahl und paarweise bezüglich des Typs, für Felder außerdem bezüglich der Dimensionierung (Anzahl und Größe der Indizes. Vgl. 5.8).

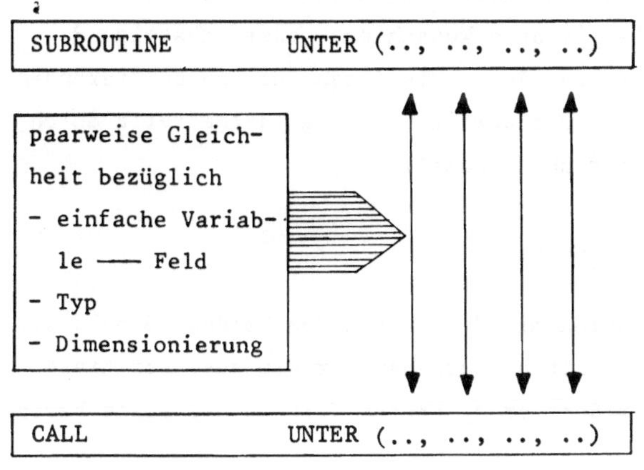


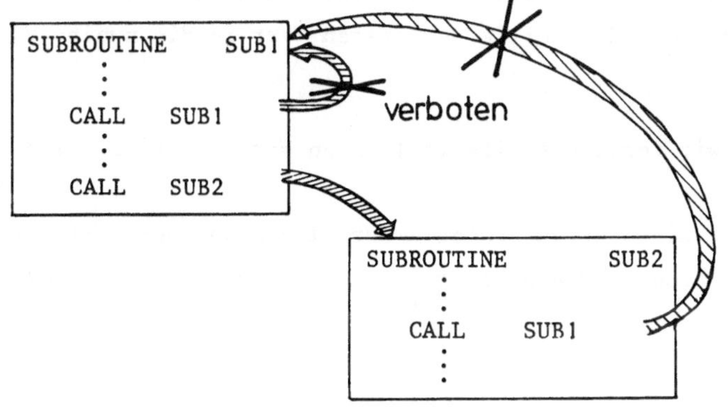


Auch eine SUBROUTINE darf nicht sich selber aufrufen, auch nicht indirekt über andere Unterprogramme.

Kein Übersetzer kann die Einhaltung der letzten beiden Regeln überwachen.

Programmbeispiel:

Aufgabe:

Schreiben Sie eine allgemein verwendbare Subroutine namens SORT, die ein Feld von höchstens 1ØØØ reellen Variablen je nach Wunsch auf- oder absteigend sortiert. Als Parameter erhalten Sie das Feld, die Anzahl der zu sortierenden Variablen im Feld und den Wunsch nach der Sortierrichtung (dargestellt durch +1.Ø für aufsteigend und als -1.Ø für absteigend).

Wir verwenden die folgende Sortiertechnik:

- Wir vergleichen zuerst alle Variablen mit der ersten des Feldes. Sobald wir Werte in verkehrter Reihenfolge erhalten, tauschen wir sie aus. Auf diese Weise plazieren wir den gemäß der Sortierung ersten Wert in die erste Variable des Feldes.

- In analoger Weise vergleichen wir die 3., 4. usw. Variablen des Feldes mit der zweiten und plazieren den gemäß der Sortierung ersten Wert in die zweite Variable des Feldes.

- In analoger Weise fahren wir fort, bis alle verlangten Werte sortiert sind.

Diese Sortiertechnik benützt eine äußere Schleife zur Plazierung der sortierten Werte in den Variablen des Feldes und eine innere Schleife zum Vergleich der Werte.

```
            SUBROUTINE   S O R T   (FELD, IANZHL, RICHTG)           SORTØØ1Ø
                                    DIMENSION FELD(1ØØØ)            SORTØØ2Ø
      IAUSSN  = IANZHL - 1                                          SORTØØ3Ø
      DO 4Ø K = 1, IAUSSN                                           SORTØØ4Ø
            JINNER = K + 1                                          SORTØØ5Ø
            DO 3Ø  L = JINNER, IANZHL                               SORTØØ6Ø
                  IF (  (FELD(K) - FELD(L))* RICHTG  ) 3Ø, 3Ø, 2Ø  SORTØØ7Ø
C                       VERTAUSCHEN ZWEIER WERTE:                   SORTØØ8Ø
   2Ø                   T       = FELD(K)                           SORTØØ9Ø
                        FELD(K) = FELD(L)                           SORTØ1ØØ
                        FELD(L) = T                                 SORTØ11Ø
   3Ø             CONTINUE                                          SORTØ12Ø
   4Ø       CONTINUE                                                SORTØ13Ø
C                                                                   SORTØ14Ø
      RETURN                                                        SORTØ15Ø
            END                                                     SORTØ16Ø
```

Welche Werte darf IANZHL annehmen, damit die Subroutine funktioniert? Z.B. -2Ø, Ø, 1, 2, 337, 1ØØØ, 2ØØØ? Und diesselbe Frage für die Variablen RICHTG ! Gibt es Werte für die Variable RICHTG, so daß die Subroutine nicht funktioniert? Z.B. -3Ø.Ø, -1.3, Ø.Ø, 1.Ø, 35.79?

Bevor ein Programm die Subroutine SORT aufruft, muß sichergestellt werden, daß die Aktualparameter sinnvolle Werte haben. Es ist möglich, daß einige Parameter über Eingabedaten gesteuert werden; diese müssen geprüft werden, bevor sie verwendet werden.

Im folgenden Hauptprogramm lesen wir die Variablen des Feldes und zugleich den Indikator der Sortierrichtung. Die Subroutine kann nicht sortieren, wenn dieser den Wert Ø.Ø enthält. Wir müssen uns also dagegen absichern.

```
      DIMENSION ZAHLEN(1ØØØ)
    1 FORMAT (I4, F3.1)
    2 FORMAT ( 8F1Ø.4 )
    3 FORMAT (3ØH1AUFSTEIGEND SORTIERTE ZAHLEN: )
    4 FORMAT ( 29H1ABSTEIGEND SORTIERTE ZAHLEN: )
    5 FORMAT (1HØ / ( 1HØ, 1ØF12.4 ) )
C
      READ 1, NANZHL, RICHT
C                                             PRUEFE ANZAHL DER ZAHLEN:
                IF ( NANZHL )        9Ø, 9Ø, 1Ø
   1Ø           IF ( NANZHL - 1ØØØ ) 2Ø, 2Ø, 9Ø
C                                             PRUEFE RICHTUNGSINDIKATOR
   2Ø           IF ( RICHT ) 3Ø, 95, 4Ø
C
   3Ø                   PRINT 4
                        GO TO 5Ø
   4Ø           PRINT 3
   5Ø READ 2, ( ZAHLEN(J), J=1,NANZHL )
      CALL SORT  ( ZAHLEN, NANZHL, RICHT )
      PRINT 5, (ZAHLEN(J), J=1,NANZHL )
      STOP
C                                             PROGRAMMTEIL FUER FEHLER:
   9Ø                   PRINT 91, NANZHL
   91                   FORMAT ( 31HØANZAHL DER ZAHLEN UNZULAESSIG:,
     1                           I6 )
                        STOP
   95           PRINT 96
   96           FORMAT ( 42HØDIE ZAHLEN KOENNEN NICHT SORTIERT WERDEN ,
     1                  27H (RICHTUNGSINDIKATOR = Ø.Ø) )
                STOP
      END
```

## 5.6 Die RETURN-Anweisung

```
RETURN
```

Die Anweisung bewirkt einen Rücksprung ins aufrufende Programm. Sie bedeutet ein logisches Ende des Unterprogramms. Damit ist angedeutet, daß jedes Unterprogramm mehrere RETURN-Anweisungen enthalten kann (ähnlich wie die STOP-Anweisung im letzten Programmbeispiel).

RETURN wird in FUNCTION- und SUBROUTINE-Unterprogrammen verwendet.

## 5.7 COMMON: eine weitere Quelle von Parametern für Unterprogramme

```
CALL   SUB   (Z)
CALL   SUB   (A)
CALL   SUB   (B)
CALL   SUB   (C)
```

```
CALL   SUB1  (A)
CALL   SUB1  (A)
CALL   SUB1  (A)
CALL   SUB1  (A)
```

In den Parameterlisten haben wir ein Mittel kennengelernt, um einem Unterprogramm bei jedem Aufruf andere Variablen zu übergeben. Öfters hat jedoch die Programmlogik nur erfordert, daß ein Unterprogramm immer mit denselben Variablen rechnen muß. Gibt es ein Mittel, das genau diese Erfordernisse befriedigt und nicht noch mehr leistet?

Fortran stellt dafür die sog. COMMON-Bereiche zur Verfügung. Es sind Bereiche des Hauptspeichers, die von Haupt- und Unterprogrammen direkt adressiert werden können; sie können den Bereich gemeinsam (= common auf englisch) benützen. Der größte Vorteil besteht darin, daß schon der Übersetzer bestimmen kann, welche Speicherplätze durch die Variablen im COMMON-Bereich belegt werden.

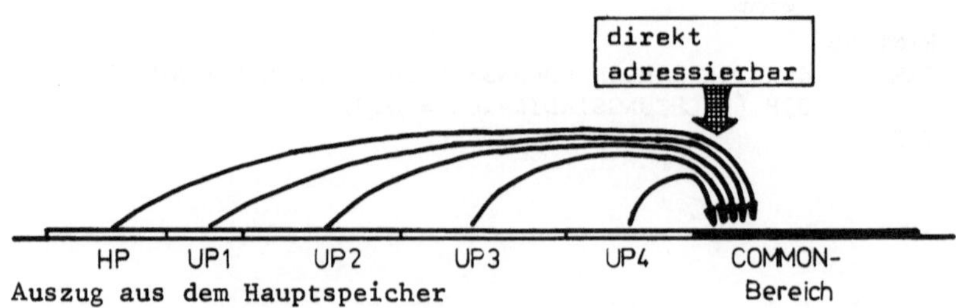

Auszug aus dem Hauptspeicher

HP: Hauptprogramm

UP: Unterprogramm

Wenn wir mit Parameterlisten arbeiten, kann erst dann der Ort der Parameter bestimmt werden, wenn das Unterprogrogramm aufgerufen wird, —— also erst bei der Ausführung des Programms.

COMMON-Bereiche werden durch die COMMON-Anweisung definiert. Sie bezeichnet auch, welche Variablen des (syntaktischen) Programms in welcher Reihenfolge darin gespeichert werden. Sie ist nicht-ausführbar.

| COMMON | a, b, c, ...,f |
|---|---|
| | a, b, c, ...,f sind:<br>- Namen einfacher Variablen<br>- Namen von Feldern, die in einer DIMENSION-Anweisung deklariert sind<br>- von der Form<br><br>name (liste von indizes) |

Felder in COMMON-Bereichen können in der COMMON-Anweisung deklariert werden mit einem Term:

name (liste der indizes)

Beispiel: COMMON FELD (3, 5, 3Ø)

- erfüllt alle vier Funktionen, die die Anweisung DIMENSION FELD (3, 5, 3Ø) erfüllen würde (3.1),
- plaziert das Feld namens FELD im COMMON-Bereich

Wir empfehlen, Felder in COMMON-Bereichen nur in COMMON-Anweisungen zu deklarieren. Wenn Sie sie auch in DIMENSION-Anweisungen deklarieren, gewinnen Sie nichts, viel eher vermindern Sie die Durchsichtigkeit des Programms.

Felder deklarieren durch:
COMMON oder DIMENSION

Wenn Sie Felder in COMMON-Anweisungen deklarieren, ist eine weitere Deklaration in einer DIMENSION-Anweisung überflüssig.

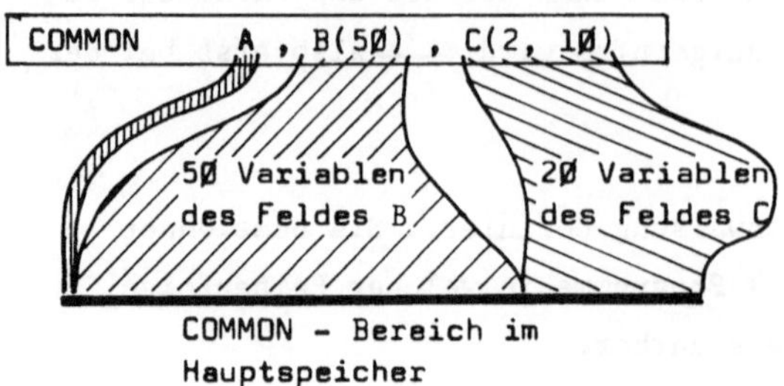


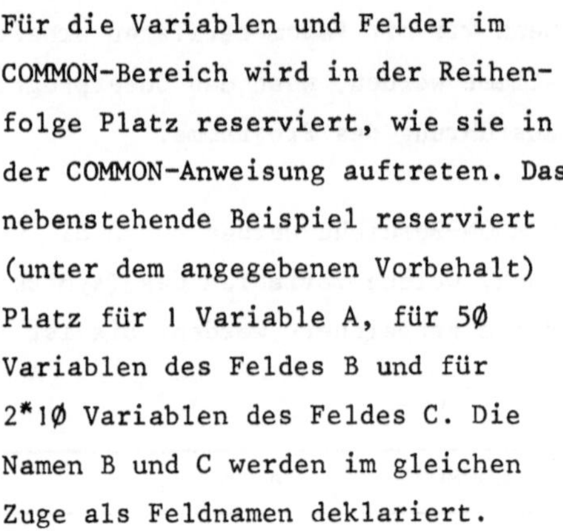
Für die Variablen und Felder im COMMON-Bereich wird in der Reihenfolge Platz reserviert, wie sie in der COMMON-Anweisung auftreten. Das nebenstehende Beispiel reserviert (unter dem angegebenen Vorbehalt) Platz für 1 Variable A, für 5Ø Variablen des Feldes B und für 2*1Ø Variablen des Feldes C. Die Namen B und C werden im gleichen Zuge als Feldnamen deklariert.

<u>Vorbehalt</u>: die Zeichnung gilt nur, wenn A nicht in einer DIMENSION-Anweisung als Feld deklariert ist.

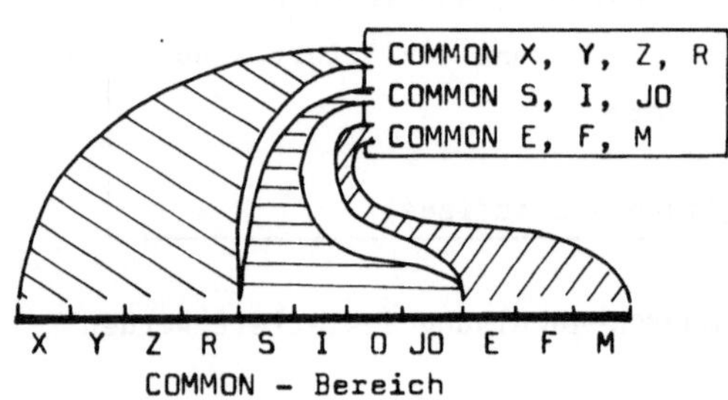


Mehrere Common-Anweisungen innerhalb eines syntaktischen Programms können als Fortsetzung voneinander betrachtet werden. Für das nebenstehende Beispiel hätte auch eine Anweisung genügt, nämlich:

```
COMMON X,Y,Z,R,S,I,JO,E,F,M
```

Jedes Programm (Haupt- oder Unterprogramm), das mit Variablen des COMMON-Bereichs rechnen will, muß eine COMMON-Anweisung enthalten.

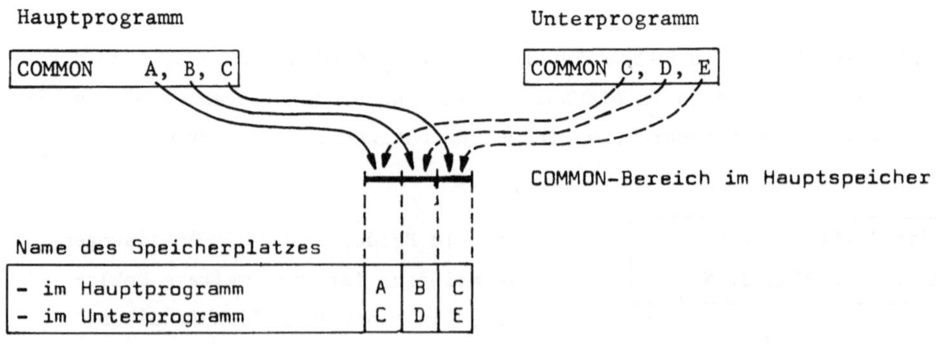

Das gezeichnete Beispiel zeigt, daß die Speicherplätze im COMMON-Bereich von den diversen Programmen verschieden benannt werden dürfen. Beachten Sie dazu besonders den Namen C im Beispiel: er wird im Haupt- und Unterprogramm verschieden verwendet.

Damit Sie besser verstehen, wie die COMMON-Anweisung mehrerer syntaktischer Programme zusammen wirken, zeigen wir folgende Interpretation:

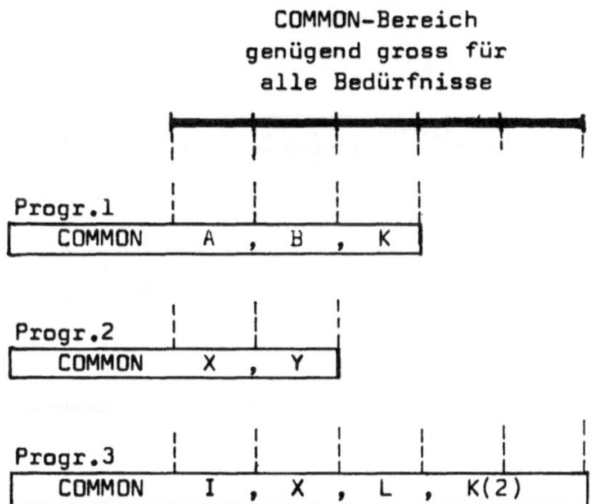


Gehen Sie davon aus, daß der COMMON-Bereich des Hauptspeichers in genügender Größe existiert. Die COMMON-Anweisungen des Haupt- und jedes Unterprogramms definieren nun, wie die Speicherplätze des Bereiches interpretiert werden: ein Programm interpretiert einen Speicherplatz als reelle Variable, ein anderes denselben Platz als ganze Variable, ein drittes interessiert sich für den selben Platz überhaupt nicht.

Damit ist bereits angedeutet, daß nicht alle Haupt- und Unterprogramme gleich viele Variablen im COMMON-Bereich versorgen müssen. Anschließend an das nebenstehende Beispiel soll für ein weiteres Unterprogramm eine COMMON-Anweisung geschrieben werden, die das Feld C des Hauptprogramms unter dem Namen CX anspricht:

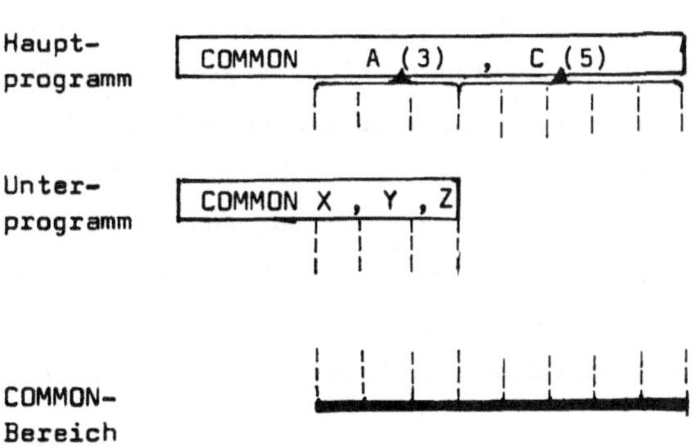

Ein Vorschlag:

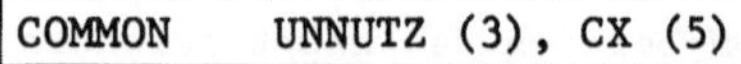

```
COMMON    CX (5)
```

Sie sehen schon, daß der Vorschlag falsch ist, weil er den ersten 5 Plätzen des COMMON-Bereiches den Namen CX gibt. Wir jedoch wollen die ersten drei Plätze überspringen.

Weiterer Vorschlag:

```
COMMON    UNNUTZ (3), CX (5)
```

Dieser Vorschlag erfüllt die Aufgabe. Allerdings können wir damit auch auf das Feld A des Hauptprogramms zugreifen. Wenn wir dieses Feld nicht benützen wollen, dürfen wir das Feld UNNUTZ im Unterprogramm nicht mehr verwenden.

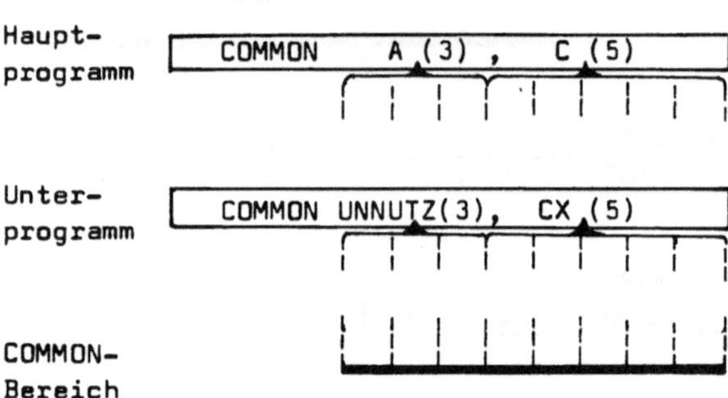


Vermeiden Sie, daß verschiedene Hauptprogramme und Unterprogramme die gleichen Plätze im COMMON-Bereich Variablen verschiedenen Typs zuordnen. In vielen Computern benötigen nämlich ganze Variablen weniger Platz als reelle. Da könnte die unten skizzierte Situation entstehen: die einzelnen Variablen überlappen sich. Beachten Sie die Konsequenzen: wenn die Variable J verändert wird, ändern sich auch die Variablen A und K des anderen Programms, und zwar in unübersichtlicher Weise. Analog bewirkt eine Veränderung von A eine Änderung von I und J —— auch auf eine Art, die vom Programm 2 nicht durchschaut werden kann. Um Schwierigkeiten dieser Art aus dem Wege zu gehen, müssen Sie nur darauf achten, daß in Haupt- und Unterprogrammen die Typen der Variablen im COMMON sich entsprechen.

Programm 1

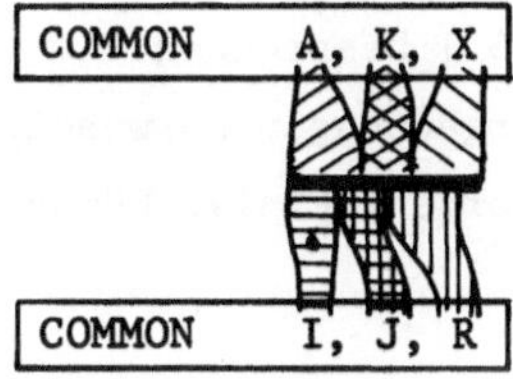


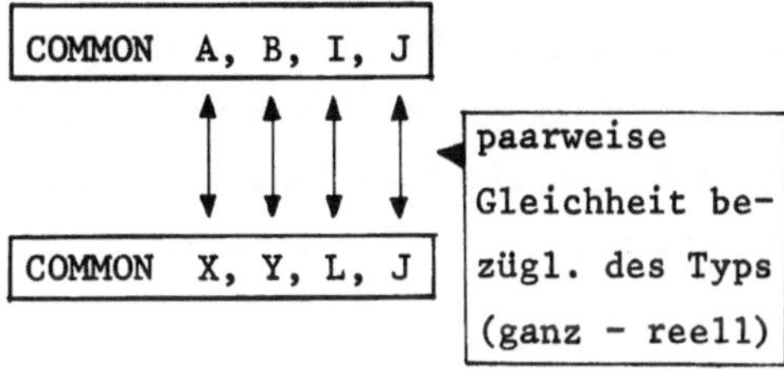


Programm 2

Noch eine Regel: Variablen des COMMON-Bereichs dürfen nie als Formalparameter verwendet werden.

```
SUBROUTINE      SUB   (A, B)
COMMON          A
```

Wir haben zwei Methoden kennengelernt, die Unterprogrammen Variablen des aufrufenden Programms zur Verfügung stellen: mit den Parametern (Formal- und Aktualparameter) und mit dem COMMON-Bereich. Zum Schluß dieses Abschnittes wollen wir sie in einer Tabelle einander gegenüberstellen:

| Parameter | COMMON |
|---|---|
| Die Aktualparameter können in mehreren Aufrufen verschieden sein:<br>CALL SUBR (A, B, C)<br>CALL SUBR (A, D, E) | Die Variablen des COMMON-Bereiches bezeichnen immer denselben Speicherplatz. |
| Das Unterprogramm muß bei jedem Aufruf bestimmen, wo die Parameter im Hauptspeicher gespeichert sind; es muß die Parameter suchen. Das benötigt (teure) Zeit. | Das Unterprogramm kennt die Adresse der Variablen des COMMON-Bereiches ständig. |

## 5.8 DIMENSION in Unterprogrammen

Wir haben die DIMENSION-Anweisung bereits im Abschnitt 3.1 besprochen. Im Zusammenhang mit den Unterprogrammen sind noch einige Ergänzungen notwendig. In 3.1 sind die Funktionen der Anweisungen aufgezählt worden; einige können in Unterprogrammen entfallen.

```
DIMENSION    FELD (5, 1Ø, 3Ø)
```

Die 4 Funktionen der DIMENSION-Anweisung:

1) sie deklariert Namen als Namen von Feldern,
2) sie zeigt, mit wievielen Indizes das Feld indiziert wird,
3) sie bezeichnet, wie groß jeder Index werden darf,
4) sie reserviert Speicherplatz für die Felder.

Die 4. Funktion entfällt, wenn das Feld Formalparameter ist. Dann hat ja das aufrufende Programm bereits Platz für das Feld reserviert. Eine weitere Platzreservation erübrigt sich.

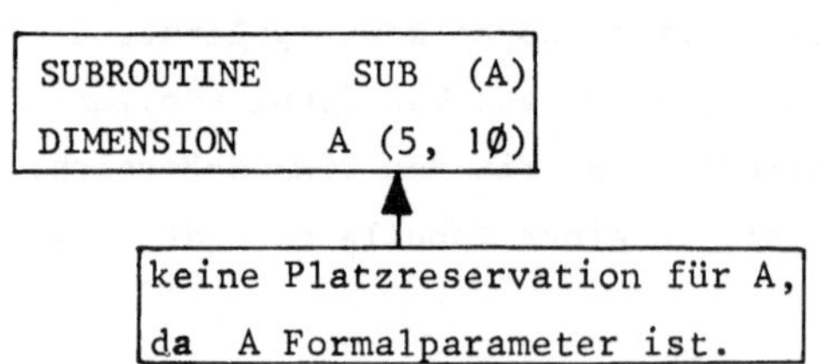


Zusätzlich kann die 3. Funktion bei <u>einfach indizierten</u> Feldern entfallen.

Überlegen Sie sich bitte, ob nicht die Unterprogramme der Beispiele dieses Kapitels (Seiten 122 und 126) auch dann funktionieren würden, wenn FELD 1Ø, 2ØØ, 587, 5537, 1ØØØØ Variablen enthielte! Warum also die Anzahl der Variablen im Feld auf 1ØØ bzw. 1ØØØ limitieren?

Wir dürfen bei einfach indizierten Feldern in der DIMENSION-Anweisung angeben, daß das Feld nur eine Variable enthält. Allerdings müssen wir dafür sorgen, daß das Unterprogramm die effektive Anzahl der Variablen des Feldes erfährt, z.B. durch einen zweiten Parameter,

```
          SUBROUTINE    SUBRT (FELD, N)
          DIMENSION    FELD(1)
C           N: ANZAHL VARIABLEN IN "FELD"
```

Diesen Punkt haben wir in unserem Beispiel bereits erledigt. Wir dürfen die DIMENSION-Anweisung des FUNCTION- und des SUBROUTINE-Unterprogramms abändern auf:

```
DIMENSION    FELD(1)
```

Wir haben diesen Trick lediglich darum erwähnt, weil er in großen Sammlungen von Unterprogrammen laufend angewendet wird.

## 5.9 Hinweise auf Bibliotheksprogramme

Zum Abschluß dieses Kapitels möchten wir darauf hinweisen, daß jedes Rechenzentrum Sammlungen von Unterprogrammen zur Verfügung hat. Wenn Sie Probleme lösen müssen, überlegen Sie sich doch, ob nicht andere Leute ähnliche Probleme oder Teile davon bereits gelöst und dafür Programme oder Unterprogramme geschrieben haben. Ihr Rechenzentrum wird Ihnen gerne Auskunft über die verfügbaren Programme geben.

Eine Anfrage an Ihr Rechenzentrum lohnt sich; denn programmieren kostet Zeit, —— viel Zeit!

# NACHWORT

Sie haben diese Schrift mit viel Aufwand durchgearbeitet. Wir glauben, daß Sie mit den erworbenen Kenntnissen viele Probleme lösen können. Allerdings fehlt dazu noch die Programmiererfahrung. Gerade in der Datenverarbeitung hat sich gezeigt, daß Bücherwissen ohne Erfahrung aus der Praxis wenig taugt.

Wir möchten Ihnen darum nahe legen, Ihre Kenntnisse anzuwenden, indem Sie einige Probleme mit Datenverarbeitung lösen. Verfassen Sie Programme, prüfen Sie sie gut, damit Sie sie nach ihrer Vollendung sicher und rationell einsetzen können.

Wir weisen noch darauf hin, daß Sie in dieser Schrift nicht alle Möglichkeiten der Fortran-Sprache gesehen haben. Besonders bezüglich Schreib- und Leseoperationen kann noch viel dazu gelernt werden, so z.B. die Benützung magnetischer Speicher . Entsprechende Literatur finden Sie in Ihrem Rechenzentrum und im Buchhandel.

Anregungen zur Verbesserung dieser Schrift nimmt das

Institut für elektronische<br>
Datenverarbeitung der<br>
Universität Zürich<br>
Sumatrastr. 30<br>
CH-8006 Zürich

gerne entgegen.

IBM

# FORTRAN Coding Form

X28-7327-6

| PROGRAM | | PUNCHING INSTRUCTIONS | GRAPHIC | PAGE OF |
|---|---|---|---|---|
| PROGRAMMER | DATE | | PUNCH | CARD ELECTRO NUMBER* |

| COMM. | STATEMENT NUMBER | CONT. | FORTRAN STATEMENT | IDENTIFICATION SEQUENCE |
|---|---|---|---|---|
| 1 | 2 3 4 5 | 6 | 7 8 9 10 11 12 13 14 15 16 17 18 19 20 21 22 23 24 25 26 27 28 29 30 31 32 33 34 35 36 37 38 39 40 41 42 43 44 45 46 47 48 49 50 51 52 53 54 55 56 57 58 59 60 61 62 63 64 65 66 67 68 69 70 71 72 | 73 74 75 76 77 78 79 80 |
| 1 | 2 3 4 5 | 6 | 7 8 9 10 11 12 13 14 15 16 17 18 19 20 21 22 23 24 25 26 27 28 29 30 31 32 33 34 35 36 37 38 39 40 41 42 43 44 45 46 47 48 49 50 51 52 53 54 55 56 57 58 59 60 61 62 63 64 65 66 67 68 69 70 71 72 | 73 74 75 76 77 78 79 80 |

*A standard card form, IBM electro 888157, is available for punching statements from this form

# ANHANG

## A.1 Die syntaktische Reihenfolge der Anweisungen

| Hauptprogramm | FUNCTION-<br>Unterprogramm | SUBROUTINE-<br>Unterprogramm |
|---|---|---|
| ———— | FUNCTION | SUBROUTINE |
| Nicht ausführbare Anweisungen<br>Funktionsanweisungen<br>ausführbare Anweisungen<br>END | | |

FORMAT-Anweisungen können überall im Programm plaziert werden.

## A.2 Zusammenstellung der Anweisungen dieses Heftes

A: ausführbar, NA: nicht ausführbar, (...): Verweis auf Abschnitt

| | | | | | |
|---|---|---|---|---|---|
| ACCEPT | A | (2.38) | GO TO | A | (2.2.1,2.2.3) |
| CALL | A | (5.5) | IF | A | (2.2.2) |
| CALL EXIT | A | (2.2.6) | PAUSE | A | (2.2.7) |
| COMMON | NA | (5.7) | PRINT | A | (2.3.2) |
| CONTINUE | A | (2.2.5) | PUNCH | A | (2.3.9) |
| DIMENSION | NA | (3.1) | READ | A | (2.3.1) |
| DO | A | (2.2.4) | RETURN | A | (5.6) |
| END | NA | (1.5) | STOP | A | (2.2.6) |
| EQUIVALENCE | NA | (3.2) | SUBROUTINE | - | (5.5) |
| Ergibt-Anw. | A | (2.1) | TYPE | A | (2.3.8) |
| FORMAT | - | (2.3.7,2.3.4,2.3.6) | | | |
| FUNCTION | - | (5.4) | | | |
| Funktions-A. | - | (5.3) | | | |

1.1 Leerstellen (Blanks) dürfen überall im Programm in beliebiger Anzahl eingefügt werden.

1.2.2 Ganze Zahlen: Bereich von - 9999 bis + 9999
Reelle Zahlen: Bereich von $- 1Ø^{99}$ bis $+ 1Ø^{99}$
Relative Genauigkeit: 8 Dezimalstellen
Absolut kleinste speicherbare Zahl: $1Ø^{-99}$

1.2.3 Namen: Länge: 1 bis 6 Zeichen, mehr Zeichen sind verboten;
F am Ende eines Namens hat keine spezielle Bedeutung.

1.2.5 Felder: maximal 3 Indizes; erlaubte Werte der Indizes: 1 bis 9999.

1.3 Mixed-Mode-Ausdrücke sind verboten.

1.4 Anweisungsnummern: maximal 4-stellig,
höchstens 4 Fortsetzungskarten zugelassen.

2.2.3 Computed GO TO: In der Klammer dürfen 2 bis 24 Anweisungsnummern stehen.

2.2.4 DO-Schleifen: Schachtelung (Nesting) maximal 25Ø-fach.

2.2.6 STOP stoppt den ganzen Computer;
"STOP zahl" ist erlaubt, gestattete Werte der "zahl": Ø bis 99999

2.2.7 "PAUSE zahl" ist erlaubt, erlaubte Werte der "zahl": Ø bis 99999

2.3 FORMAT: Der Code A existiert; damit werden in einer ganzen Variablen 2 Zeichen, in einer reellen Variablen 5 Zeichen gespeichert.

Wiederholungsfaktoren: erlaubte Werte: 1 bis 99

Schachtelung von Codes bis zu total 2 Niveaus erlaubt.

5.3 Funktionsanweisung: der Name enthaelt 1 bis 6 Zeichen,
F am Ende des Namens hat keine spezielle Bedeutung,
Typenbestimmung nach neuer Konvention.

5.3 - 5.5 Anzahl der Parameter für alle Unterprogrammtypen unbeschränkt.

| Abschnitt | Merkblatt über den Computer IBM/36Ø<br>Fortran-Uebersetzer G/H-Level, Okt.68 |
|---|---|

1.1 Leerstellen sind überall im Programm in beliebiger Anzahl zugelassen.

1.2.2 Ganze Zahlen: Bereich von -2 147 483 648 bis 2 147 483 647

Reelle Zahlen: Bereich von $-1Ø^{75}$ bis $1Ø^{75}$
Relative Genauigkeit: ca. 7 Dezimalstellen
Absolut kleinste speicherbare Zahl: $1Ø^{-75}$

1.2.3 Namen: Länge: 1 bis 6 Zeichen, mehr Zeichen verboten;
F am Ende eines Namens hat keine spezielle Bedeutung.

1.2.5 Felder: maximale Anzahl der Indizes: 7
erlaubte Werte der Indizes: 1 bis 2 147 483 647

1.3 Mixed-Mode-Ausdrücke sind erlaubt.

1.4 Anweisungsnummern: erlaubte Werte: 1 bis 99999

Maximal 19 Folgekarten zugelassen.

2.2.3 Computed GO TO: in der Klammer dürfen 2 und mehr Anweisungsnummern stehen.

2.2.4 DO-Schleifen: Schachtelung maximal 25-fach.

2.2.6 STOP bewirkt den Uebergang zur nächsten Aufgabe.

"STOP zahl" ist erlaubt, gestattete Werte der "zahl":
Ø bis 4Ø95

2.2.7 PAUSE: "PAUSE zahl" ist erlaubt, gestattete Werte der "zahl":
Ø bis 99999

2.3 FORMAT: - der Code A existiert; in einer Variablen können mit diesem Code 4 Zeichen gespeichert werden.

- erlaubte Werte der Wiederholungsfaktoren: 1 bis 255.
- Schachtelung von Codes bis total 3 Niveaus erlaubt.

5.3 Funktionsanweisung: ihr Name enthält 1 bis 6 Zeichen;

Bestimmung des Typs gemäss neuer Konvention.

Anzahl der Parameter:

| | | |
|---|---|---|
| 5.3 | in Funktionsanweisungen: | 1 bis 2Ø |
| 5.4 | in FUNCTION-Unterprogramm: | 1 bis 2Ø |
| 5.5 | in SUBROUTINE-Unterprogramm: | Ø bis 96 |

Merkblatt über den Computer IBM/360

Abschnitt — Fortran-Uebersetzer WATFIV, April 70

| Abschnitt | |
|---|---|
| 1.1 | Leerstellen (Blanks) dürfen überall im Programm in beliebiger Anzahl eingefügt werden. |
| 1.2.2 | Ganze Zahlen: Bereich von - 2 147 483 648 bis 2 147 483 647<br>Reelle Zahlen: Bereich von $-10^{75}$ bis $10^{75}$<br>Relative Genauigkeit: ca. 7 Dezimalstellen<br>Absolut kleinste speicherbare Zahl: $10^{-75}$ |
| 1.2.3 | Namen: Länge: 1 bis 6 Zeichen, mehr Zeichen verboten;<br>F am Ende des Namens ohne spezielle Bedeutung. |
| 1.2.5 | Felder: maximale Anzahl der Indizes: 7<br>erlaubte Werte der Indizes: 1 bis 2 147 483 647 |
| 1.3 | Mixed-Mode-Ausdrücke sind erlaubt. |
| 1.4 | Anweisungsnummern: erlaubte Werte: 1 bis 99999<br>Folgekarten: maximal 19 zugelassen |
| 2.2.3 | Computed GO TO: in der Klammer dürfen 2 und mehr Anweisungsnummern stehen. |
| 2.2.4 | DO-Schleifen: Schachtelung uneingeschränkt möglich. |
| 2.2.6 | STOP bewirkt den Uebergang zur nächsten Aufgabe;<br>"STOP zahl" ist nicht erlaubt. |
| 2.2.7 | PAUSE: "PAUSE zahl" ist nicht erlaubt. |
| 2.3 | FORMAT: - der Code A existiert, damit können in den Variablen 4 Zeichen gespeichert werden.<br>- Wiederholungsfaktoren dürfen Werte von 1 bis 255 haben.<br>- Schachtelung von Codes bis total 3 Niveaus erlaubt. |
| 5.3 | Funktionsanweisung: ihr Name enthält 1 bis 6 Zeichen;<br>Bestimmung des Typs gemäss neuer Konvention. |
| 5.3<br>5.4<br>5.5 | Anzahl der Parameter für alle Unterprogrammtypen unbeschränkt. |

| Abschnitt | Merkblatt für den Computer CDC-6000<br>RUN-Compiler | Datum: 1971 |
|---|---|---|

1.1. Leerstellen dürfen überall und in beliebiger Anzahl ins Programm eingefügt werden.

1.2.2 Ganze Zahlen: Bereich von $-2^{48}+1$ bis $+2^{48}-1$
Reelle Zahlen: Bereich von $-1\emptyset^{322}$ bis $+1\emptyset^{322}$
Relative Genauigkeit: 14 Dezimalstellen
Absolut kleinste speicherbare Zahl: $1\emptyset^{-294}$

1.2.3 Namen: Länge: 1 bis 7 Zeichen, mehr Zeichen sind verboten.
F am Ende eines Namens hat keine spezielle Bedeutung.

1.2.5 Felder: maximale Anzahl der Indizes: 3
erlaubte Werte der Indizes: 1 bis $2^{17}-2$

1.3 Mixed-Mode-Ausdrücke sind erlaubt

1.4 Anweisungsnummern: erlaubte Werte: 1 bis 99999
Maximale Anzahl der Folgekarten: 19

2.2.3 Computed GOTO: maximale Anzahl von Anweisungsnummern innerhalb der Klammer: unbeschränkt

2.2.4 DO-Schleifen: Schachtelung erlaubt ohne Beschränkung

2.2.6 STOP bewirkt den Uebergang zur nächsten Aufgabe
"STOP zahl" ist erlaubt; Werte der Zahl: Ø bis 77777 (Oktalzahlen)

2.2.7 "PAUSE zahl" ist erlaubt; Werte der Zahl: Ø bis 77777 (Oktalzahlen)

2.3 FORMAT:
- es gibt den Code A; damit können in einer ganzen Variable 1Ø Zeichen und in einer reellen Variable 1Ø Zeichen gespeichert werden.
- erlaubte Werte für Wiederholungsfaktoren: 1 bis ?
- die Schachtelung von Codes ist erlaubt bis zu total 2 Niveaus.

5.3 Funktionsanweisung: ihr Name enthält 1 bis 7 Zeichen

5.3, 5.4, 5.5 } Anzahl der Parameter maximal 6Ø.

---

? = den verfügbaren Handbüchern konnten keine Angaben entnommen werden.

Merkblatt für den Computer TR - 44o

Abschnitt Datum: 1971

---

1.1 Leerstellen dürfen überall und in beliebiger Anzahl ins Programm eingefügt werden.

1.2.2 Ganze Zahlen: Bereich von $-2^{46}+1$ bis $+2^{46}-1$

Reelle Zahlen: Bereich von $-10^{152}$ bis $+1\emptyset^{152}$

Relative Genauigkeit: 1Ø Dezimalstellen

Absolut kleinste speicherbare Zahl: $1\emptyset^{-128}$

1.2.3 Namen: Länge: 1 bis 6 Zeichen, mehr Zeichen sind verboten.

F am Ende eines Namens hat keine spezielle Bedeutung.

1.2.5 Felder: maximale Anzahl der Indizes: unbeschränkt

erlaubte Werte der Indizes: 1 bis $2^{46}-1$

1.3 Mixed-Mode-Ausdrücke sind erlaubt

1.4 Anweisungsnummern: erlaubte Werte: 1 bis 99999

Maximale Anzahl der Folgekarten: ?

2.2.3 Computed GOTO: maximale Anzahl von Anweisungsnummern innerhalb der Klammer: unbeschränkt

2.2.4 DO-Schleifen: Schachtelung erlaubt ohne Beschränkung

2.2.6 STOP bewirkt den Uebergang zur nächsten Aufgabe

"STOP zahl" ist erlaubt; Werte der Zahl: Ø bis 99999

2.2.7 "PAUSE zahl" ist erlaubt; Werte der Zahl: Ø bis 99999

2.3. FORMAT:
- es gibt den Code A; damit können in einer ganzen Variable 4 Zeichen und in einer reellen Variable 4 Zeichen gespeichert werden.
- erlaubte Werte für Wiederholungsfaktoren: 1 bis $2^{46}-1$
- die Schachtelung von Codes ist erlaubt bis zu total ? Niveaus.

5.3 Funktionsanweisung: ihr Name enthält 1 bis 6 Zeichen.

5.3, 5.4, 5.5 } Anzahl der Parameter maximal: ?.

---

? = den verfügbaren Handbüchern konnten keine Angaben entnommen werden.

Merkblatt für den Computer TR - 4

Abschnitt Datum: 1971

---

1.1 Leerstellen dürfen überall und in beliebiger Anzahl ins Programm eingefügt werden.

1.2.2 Ganze Zahlen: Bereich von $-1\emptyset^{11} + 1$ bis $+ 1\emptyset^{11} - 1$
Reelle Zahlen: Bereich von $- 8.3 \cdot 1\emptyset^{152}$ bis $+ 8.3 \cdot 1\emptyset^{152}$
Relative Genauigkeit: ? Dezimalstellen
Absolut kleinste speicherbare Zahl: ?

1.2.3 Namen: Länge: 1 bis 6 Zeichen, mehr Zeichen sind verboten.
F am Ende eines Namens hat keine spezielle Bedeutung.

1.2.5 Felder: maximale Anzahl der Indizes: 3
erlaubte Werte der Indizes: 1 bis 25ØØØ

1.3 Mixed-Mode-Ausdrücke sind verboten

1.4 Anweisungsnummern: erlaubte Werte: 1 bis 99999
Maximale Anzahl der Folgekarten: ?

2.2.3 Computed GOTO: maximale Anzahl von Anweisungsnummern innerhalb der Klammer: ?

2.2.4 DO-Schleifen: Schachtelung erlaubt ohne Beschränkung

2.2.6 STOP bewirkt den Uebergang zur nächsten Aufgabe
"STOP zahl" ist erlaubt; Werte der Zahl: Ø bis 77777 (Oktalzahlen)

2.2.7 "PAUSE zahl" ist erlaubt; Werte der Zahl: Ø bis 77777 (Oktalzahlen)

2.3 FORMAT:
- es gibt den Code A; damit können in einer ganzen Variable 6 Zeichen und in einer reellen Variable 6 Zeichen gespeichert werden.
- erlaubte Werte für Wiederholungsfaktoren: 1 bis ?
- die Schachtelung von Codes ist erlaubt bis zu total ? Niveaus.

5.3 Funktionsanweisung: ihr Name enthält 1 bis 6 Zeichen.

5.3, 5.4, 5.5 } Anzahl der Parameter maximal 126.

---

? = den verfügbaren Handbüchern konnten keine Angaben entnommen werden.

Merkblatt über den Computer ...................

Abschnitt Fortran-Uebersetzer ............ vom ......19..

---

* Nicht zutreffendes streichen

1.1 Dürfen Leerstellen (Blanks) überall und in beliebiger Anzahl ins Programm eingefügt werden ? Ja/Nein*

1.2.2 Ganze Zahlen: Bereich von - ........... bis + ...........

Reelle Zahlen: Bereich von - ........... bis + ...........
Relative Genauigkeit: ..... Dezimalstellen
Absolut kleinste speicherbare Zahl: ...........

1.2.3 Namen: Länge: 1 bis .... Zeichen, mehr Zeichen verboten/bloss ignoriert*
F am Ende eines Namens hat spezielle Bedeutung (Funktionsanw.) ? *

1.2.5 Felder: maximale Anzahl der Indizes: .......
erlaubte Werte der Indizes: 1 bis ...........

1.3 Mixed-Mode-Ausdrücke sind verboten/erlaubt*

1.4 Anweisungsnummern: erlaubte Werte: 1 bis ......

Maximale Anzahl von Folgekarten: ......

2.2.3 Computed GO TO: maximale Anzahl von Anweisungsnummern innerhalb der Klammer: ......

2.2.4 DO-Schleifen: Schachtelung erlaubt bis maximal .... -fach

2.2.6 STOP stoppt den Computer/bewirkt Uebergang zur nächsten Aufgabe*

"STOP zahl" verboten/erlaubt* ; Werte der "zahl": Ø bis ......

2.2.7 "PAUSE zahl" verboten/erlaubt* ; Werte der "zahl": Ø bis ......

2.3 FORMAT - die numerischen Codes haben die Formen Iw , Ew.d, Fw.d (w und d ganze Zahlen ohne Vorzeichen, w>Ø, d≥w) Ja/Nein*

- gibt es den Code A ? Ja/Nein*
  wenn ja, können damit in einer ganzen Variablen .... Zeichen und in einer reellen Variablen .... Zeichen gespeichert werden.
- erlaubte Werte für Wiederholungsfaktoren: 1 bis ....
- Schachtelung von Codes erlaubt ? Ja/Nein*
  wenn ja, bis maximal und total ... Niveaus.

5.3 Funktionsanweisung: ihr Name enthält ... bis ... Zeichen,
F an seinem Ende ist fakultativ/obligatorisch*

Typenbestimmung gemäss alter/neuer Konvention*

Anzahl der Parameter

5.3 von Funktionsanweisungen: 1 bis ....
5.4 von FUNCTION-Unterprogrammen: 1 bis ....
5.5 von SUBROUTINE-Unterprogrammen: Ø bis ....

Merkblatt über den Computer ....................

Abschnitt Fortran-Uebersetzer ............ vom ......19..

---

* Nicht zutreffendes streichen

1.1 Dürfen Leerstellen (Blanks) überall und in beliebiger Anzahl
ins Programm eingefügt werden ? Ja/Nein*

1.2.2 Ganze Zahlen: Bereich von - ........... bis + ...........

Reelle Zahlen: Bereich von - ............ bis + ............
Relative Genauigkeit: ..... Dezimalstellen
Absolut kleinste speicherbare Zahl: ............

1.2.3 Namen: Länge: 1 bis .... Zeichen, mehr Zeichen verboten/bloss ignoriert*
F am Ende eines Namens hat spezielle Bedeutung (Funktionsanw.) ? *

1.2.5 Felder: maximale Anzahl der Indizes: ........
erlaubte Werte der Indizes: 1 bis ...........

1.3 Mixed-Mode-Ausdrücke sind verboten/erlaubt*

1.4 Anweisungsnummern: erlaubte Werte: 1 bis ......

Maximale Anzahl von Folgekarten: ......

2.2.3 Computed GO TO: maximale Anzahl von Anweisungsnummern innerhalb der
Klammer: ......

2.2.4 DO-Schleifen: Schachtelung erlaubt bis maximal .... -fach

2.2.6 STOP stoppt den Computer/bewirkt Uebergang zur nächsten Aufgabe*

"STOP zahl" verboten/erlaubt* ; Werte der "zahl": Ø bis ......

2.2.7 "PAUSE zahl" verboten/erlaubt* ; Werte der "zahl": Ø bis ......

2.3 FORMAT - die numerischen Codes haben die Formen Iw , Ew.d, Fw.d
(w und d ganze Zahlen ohne Vorzeichen, w>Ø, d≥w) Ja/Nein*

- gibt es den Code A ? Ja/Nein*
wenn ja, können damit in einer ganzen Variablen
.... Zeichen und in einer reellen Variablen
.... Zeichen gespeichert werden.

- erlaubte Werte für Wiederholungsfaktoren: 1 bis ....

- Schachtelung von Codes erlaubt ? Ja/Nein*
wenn ja, bis maximal und total ... Niveaus.

5.3 Funktionsanweisung: ihr Name enthält ... bis ... Zeichen,
F an seinem Ende ist fakultativ/obligatorisch*

Typenbestimmung gemäss alter/neuer Konvention*

Anzahl der Parameter
5.3 von Funktionsanweisungen: 1 bis ....
5.4 von FUNCTION-Unterprogrammen: 1 bis ....
5.5 von SUBROUTINE-Unterprogrammen: Ø bis ....

## A.4. Register

Vol. 59: J. A. Hanson, Growth in Open Economics. IV, 127 pages. 4°. 1971. DM 16,–

Vol. 60: H. Hauptmann, Schätz- und Kontrolltheorie in stetigen dynamischen Wirtschaftsmodellen. V, 104 Seiten. 4°. 1971. DM 16,–

Vol. 61: K. H. F. Meyer, Wartesysteme mit variabler Bearbeitungsrate. VII, 314 Seiten. 4°. 1971. DM 24,–

Vol. 62: W. Krelle u. G. Gabisch unter Mitarbeit von J. Burgermeister, Wachstumstheorie. VII, 223 Seiten. 4°. 1972. DM 20,–

Vol. 63: J. Kohlas, Monte Carlo Simulation im Operations Research. VI, 162 Seiten. 4°. 1972. DM 16,–

Vol. 64: P. Gessner u. K. Spremann, Optimierung in Funktionenräumen. IV, 120 Seiten. 4°. 1972. DM 16,–

Vol. 65: W. Everling, Exercises in Computer Systems Analysis. VIII, 184 pages. 4°. 1972. DM 18,–

Vol. 66: F. Bauer, P. Garabedian and D. Korn, Supercritical Wing Sections. V, 211 pages. 4°. 1972. DM 20,–

Vol. 67: I. V. Girsanov, Lectures on Mathematical Theory of Extremum Problems. V, 136 pages. 4°. 1972. DM 16,–

Vol. 68: J. Loeckx, Computability and Decidability. An Introduction for Students of Computer Science. VI, 76 pages. 4°. 1972. DM 16,–

Vol. 69: S. Ashour, Sequencing Theory. V, 133 pages. 4°. 1972. DM 16,–

Vol. 70: J. P. Brown, The Economic Effects of Floods. Investigations of a Stochastic Model of Rational Investment Behavior in the Face of Floods. V, 87 pages. 4°. 1972. DM 16,–

Vol. 71: R. Henn und O. Opitz, Konsum- und Produktionstheorie II. V, 134 Seiten. 4°. 1972. DM 16,–

Vol. 72: T. P. Bagchi and J. G. C. Templeton, Numerical Methods in Markov Chains and Bulk Queues. XI, 89 pages. 4°. 1972. DM 16,–

Vol. 73: H. Kiendl, Suboptimale Regler mit abschnittweise linearer Struktur. VI, 146 Seiten. 4°. 1972. DM 16,–

Vol. 74: F. Pokropp, Aggregation von Produktionsfunktionen. VI, 107 Seiten. 4°. 1972. DM 16,–

Vol. 75: GI-Gesellschaft für Informatik e.V. Bericht Nr. 3. 1. Fachtagung über Programmiersprachen · München, 9–11. März 1971. Herausgegeben im Auftag der Gesellschaft für Informatik von H. Langmaack und M. Paul. VII, 280 Seiten. 4°. 1972. DM 24,–

Vol. 76: G. Fandel, Optimale Entscheidung bei mehrfacher Zielsetzung. 121 Seiten. 4°. 1972. DM 16,–

Vol. 77: A. Auslender, Problemes de Minimax via l'Analyse Convexe et les Inégalités Variationnelles: Théorie et Algorithmes. VII, 132 pages. 4°. 1972. DM 16,–

Vol. 78: GI-Gesellschaft für Informatik e.V. 2. Jahrestagung, Karlsruhe, 2.–4. Oktober 1972. Herausgegeben im Auftrag der Gesellschaft für Informatik von P. Deussen. XI, 576 Seiten. 4°. 1973. DM 36,–

Vol. 79: A. Berman, Cones, Matrices and Mathematical Programming. V, 96 pages. 4°. 1973. DM 16,–

Vol. 80: International Seminar on Trends in Mathematical Modelling, Venice, 13–18 December 1971. Edited by N. Hawkes. VI, 288 pages. 4°. 1973. DM 24,–

Vol. 81: Advanced Course on Software Engineering. Edited by F. L. Bauer. XII, 545 pages. 4°. 1973. DM 32,–

Vol. 82: R. Saeks, Resolution Space, Operators and Systems. X, 267 pages. 4°. 1973. DM 22,–

Vol. 83: NTG/GI-Gesellschaft für Informatik, Nachrichtentechnische Gesellschaft. Fachtagung „Cognitive Verfahren und Systeme", Hamburg, 11.–13. April 1973. Herausgegeben im Auftrag der NTG/GI von Th. Einsele, W. Giloi und H.-H. Nagel. VIII, 373 Seiten. 4°. 1973. DM 28,–

Vol. 84: A. V. Balakrishnan, Stochastic Differential Systems I. Filtering and Control. A Function Space Approach. V, 252 pages. 4°. 1973. DM 22,–

Vol. 85: T. Page, Economics of Involuntary Transfers: A Unified Approach to Pollution and Congestion Externalities. XI, 159 pages. 4°. 1973. DM 18,–

Vol. 86: Symposium on the Theory of Scheduling and Its Applications. Edited by S. E. Elmaghraby. VIII, 437 pages. 4°. 1973. DM 32,–

Vol. 87: G. F. Newell, Approximate Stochastic Behavior of n-Server Service Systems with Large n. VIII, 118 pages. 4°. 1973. DM 16,–

Vol. 88: H. Steckhan, Güterströme in Netzen. VII, 134 Seiten. 4°. 1973. DM 16,–

Vol. 89: J. P. Wallace and A. Sherret, Estimation of Product. Attributes and Their Importances. V, 94 pages. 4°. 1973. DM 16,–

Vol. 90: J.-F. Richard, Posterior and Predictive Densities for Simultaneous Equation Models. VI, 226 pages. 4°. 1973. DM 20,–